周蓓 主编

專題史叢書

趙文鋭 編

河南人民出版社

近世商業史

本書原系作者在大學講授經濟課程之講義，另加課外之作合并而成。共分爲17章，按國别分述葡萄牙、西班牙、荷蘭、法、英、德、美、日及中國的商業史。着重叙述影響各國商業發展的政治經濟背景、商業競争的結果、商業發展的過程等。

圖書在版編目（CIP）數據

近世商業史 / 趙文鋭編. —鄭州：河南人民出版社，2018. 6
（專題史叢書 / 周蓓主編）
ISBN 978-7-215-11487-6

Ⅰ. ①近… Ⅱ. ①趙… Ⅲ. ①商業史-世界-近代
Ⅳ. ①F731

中國版本圖書館 CIP 數據核字（2018）第 069402 號

河南人民出版社出版發行
（地址：鄭州市經五路 66 號　郵政編碼：450002　電話：65788036）
新華書店經銷　　北京虎彩文化傳播有限公司印刷
開本　710 毫米×1000 毫米　1/16　印張　15.75
字數　199 千字
2018 年 6 月第 1 版　　2018 年 6 月第 1 次印刷

定價：130.00 圓

出版前言

中國現代學術體系是在晚清西學東漸的大潮中逐步形成的。至民國初建，中央政治權威進一步分散和削弱，加之新文化運動帶給國人思想上的空前解放，新學的啓蒙，新知識分子的産生，民國學術如草長鶯飛，進入一個自由而蓬勃的時代。中國傳統學科乃中國學術之根基與菁華所在，民國學人采用『取今復古，別立新宗』之方法，引入西方的學術觀念，積極改造，使史學、文學等學科向現代學術方向轉型。此外，大力推介西方社會科學的新學科和自然科學，在學習、借鑒乃至移植西方現代學術話語和研究範式的過程中，逐漸建立中國現代學科，使中國的學科門類迅速擴展。一時間，新舊更迭，中西交流，百花齊放，萬壑争流，開創了中國現代學術的源頭。

伴隨知識轉型和研究範式轉換而來的，還有學術著作撰寫方式的創新。中國古代的著作向來以單篇流傳，經後人整理匯編後，方以成册成集的面目出現并持續傳播。直到十九世紀末，東西方的歷史編撰體裁不外乎多卷本的編年體、紀傳體和紀事本末體等，章節體的出現標志着近代西方學術規範的産生和新史學的興起。章節體具有依時間順序，按章節編排；因事立題，分篇綜論；既分門別類，又綜合通貫的特點。以章、節搭建起論述之框架，結構分明，邏輯清晰，較傳統的撰寫體裁容量大、系統性强。它的傳入，使中國現代學術體系從内容到形式被納入了全球化的軌道。民國時期專題史的研究、譯介、編纂、出版恰恰是在這樣的背景下欣欣而發，是學術的實驗場，也是歷史的記録儀。編選『專題史』叢書的初衷正是爲了從一個側面展示中國學術從傳統向現代過渡的歷史進程。

專題史是對一個學科歷史的總結，是學科入門的必備和學科研究的基礎，也是對一個時代艱深新鋭問題的解答，是學術研究的高點。民國專題史著作中，既包含通論某一學科全部或一時代（區域、國别）的變化過程的，又囊括對一時代或一問題作特殊研究的，還有少部分是對某一專題的史料進行收集的。原創與翻譯并重，翻譯的底本大多選擇該學科的代表著作或歐美大學普及教本，兼顧權威性和流行性，其中日本學者的論著占據了相當比重。日本與中國同屬東亞儒家文化圈，他們在接納西方學術思想和研究模式時，已作了某種消化與調適，從思維轉換的角度看，更便于中國借鑒和利用，他們的著作因而被時人廣泛引進。

與當代學術研究日趨專業化、專門化、專家化的『窄化』道路迥乎不同的是，中國傳統學術崇尚『學問主通不主專，貴通人不尚專家』的通識型治學門徑，處于過渡轉型期的民國學術在不同程度上保留了這種特徵。民國學術大師諸學科貫通一脉、上千年縱橫捭闔之功力自不待冗言，外交家著倫理政治史、文學家著哲學史、化學家著戰爭史等亦不乏其人，民國專題史研究呈現出開放、融通、跨界撰述的特點。與此同時必須看到，自晚清以來，中國的命運就在外侮屢犯、內亂頻仍的窘境中跌宕彷徨，民族存亡仿若命懸一綫。這股以創建學科、總結經驗、解決問題爲指歸的專題史出版風潮背後，包裹着民國學人企望以西學爲工具拯民族于衰微的探索精神，及以學術救亡的愛國之心。梁任公曾言：『史學者，學問之最博大而最切要者也，國民之明鏡也，愛國心之源泉也。』這種位卑未敢忘憂國的歷史使命感和國民意識是今人無法漠視和遺忘的。

『專題史』叢書收録的範圍包括現代各個學科，不僅限于人文社會科學，學科分類以《民國總書目》的分科爲標準，計有哲學、宗教、社會、政治、法律、軍事、經濟、文化、藝術、教育、語言文字、中國文學、外國文學、中國歷史、西方史、自然科學、醫學、工業、交通共19個學科門類。本叢書分輯整理出版，內不分科，單本發行，方便讀者按需索驥。既可作爲大專院校圖書館、學術研究機構館藏之必備資源，也可滿足個人研讀或興趣之收藏。

與目前市場已有的一些專題史叢書相比，這次『專題史』叢書具有規模大、學科全、選本精、原版影印的特點。本叢書選目首重作者的首創、權威和著作影響力，尤其注重選本的稀見性。所謂稀見，即新中國成立後没有再版，且多數圖書館没有收藏，或即便有收藏，也是歸于非公開的珍本之列予以保存，普通讀者難以借閱。部分圖書雖有電子版，但作爲學術研究的經典原著讀本，紙質版本更利于記憶和研究之用。本叢書精揀版本最早、品相最佳的原版圖書作爲底本，因而還具有很高的版本收藏價值。

『專題史』的著作是民國學者對于那個時代諸問題之探究，往往有獨到之處，無論其資料、觀點短長得失如何，要之在中國現代學術史的構建與發展進程中，自有其開宗立論之地位。

近世商業史序

歷史之於社會科學，猶算學之於自然科學也。自然科學無算學，則不能應用；社會科學無歷史，則不知源流，而應用鮮能得當。故西洋人之研究社會科學也，歷史與理論並重；且理論必根據歷史而始有價値。中國人則不然，好理論而置歷史於不顧。是以西洋人之制度，一經中國人採用之後，往往弊端叢生。

商業史之於商業，其重要固不待言。蓋近世商業，多爲近世工業所產生，與中國舊日之商業大不相同。所謂「不平等條約」者，卽爲近世商業之結果。然則何以世界列強商業如此發達，而中國則否？此其故非從歷史上研究不可。乃予觀國內各處商業學校，雖有理論經濟應用經濟各種學科之設備；而於商業史，則多付之缺如。試思吾人苟不先知中國商業如何可以發達，則此種科學，恐皆歸於無用。

雖然，商業史不易教授。教授此科者，必須熟知經濟學之原理，而又須博通中外之歷史；且苟所選之材料，不得其當，則乾枯而無味。國內商業學校，多不設此科者，實由此故。本書之出，所以供給此缺之也。

予自民國六年由美回國後，教經濟課程之外，又兼教西洋史與商業史。本書前十二章，爲在武昌商業專門學校，北京北京大學，通才商業專門學校，朝陽大學之講義，迭次修改而成；後五章則爲課外之作。所選材料，皆以能開發智識，激動興趣爲主。可爲高等中學，專門學校，大學之教本用，亦可作爲少年課外之參考書用。

本書叙述中外各國之商業史，不以時別而以國別。蓋予之經驗，以如此則講述校便，而又易於明瞭。各國分述照歷史之次序，地理之位置，而定先後。且其間商業競爭之結果，發達之路程，在叙述國別史中，又皆按時說明，不肯遺漏。

本書敍述世界列強之商業史，直至一九二六年爲止。惟歐戰中列強相互間之商業，在國別史中，無從敍述；故另作第十五章歐戰後之商業，以補其缺。

本書雖於近世開幕後過去與現今之商業國，一一敍述；但篇幅之長短大異。英國商業史，與中國商業史，二者幾佔全書之半部；而中國商業史尤多。蓋外國商業史中，英國最爲重要；而中國商業史之重要，更不待言。但卽在外國商業史中，所敍述之事實，多與中國現今之狀況有關；而中國商業史中所敍述之事實，處處以切近中國最近之潮流爲歸宿。

美國商部最近三四年內以商務報告書(United States Department of Commerce, Commerce Reports)陸續見贈；於本書日本商業上之統計，大有助益。原稿鈔寫，內人任其勞。特誌感謝

民國十五年十二月七日趙文銳序於滬上客寓。

近世商業史

目錄

近世商業史

緒言

第一節　本科之重要與範圍

自開港通商以來，國人咸感商戰之失敗，以振興商業爲急務。顧商業之振興，原因複雜，不特商業之自身，與商業有莫大之關係；卽政治教育以及其他一切制度凡與人類之文化有關係者，莫不有直接或間接之關係。苟不討論各國之情形，審察世界之大勢，鮮有不顧此而失彼者。是則世界商業史之研究尙已。

顧世界商業史，善能顯明古今商業成敗之因果者，莫過於近世商業史。最近歐美人之著作，趨重於近世史，而於上古史，有置之度外者。彼與西洋古代諸國之文化，有懸史上之關係者，尙視古代史無甚重要何況我國故本書對於古代商業付之缺如惟於中世史則不能輕易放過開卷先述歐洲中古時代生計之概狀不特以明歐洲近世商業發達之所由來且以中國今日之情形與歐洲中世之末近世之初相彷彿可爲考證之資繼述近世世界各國之商業末附以中國之商業二章蓋由世界而言之中國之商業爲今日世界商業集中之點由我國而言之商業在在受世界潮流之影響已爲世界商業史之一部分矣。

第二節　商業之效用與障礙

商業之效用當詳論於經濟學與商業通論中茲略言之以明吾人之所討論者爲何農工供給吾人之需要固矣然其出產品苟非有商爲之傳播則壅塞於一處吾人仍不得享受之商人運之於適當之地售之於適當之時而農工之出產品乃流通不絕若是乎商之職務雖非如農或工能改變物之外形而其供給吾人之需要則一也。

商業之重要固矣然不知經幾世紀之久抵抗無窮之障礙而始得今日之地位茲將商業擴展之障礙列述如下：

一　人性上之障礙　野蠻人所需要之物，非由己爲之，則掠奪之於人。若夫以己之物，與他人之物相交易，則爲彼之所不敢爲。何則？猜疑心與無智識使之然也。是以在荒古之時，蠻夷之處，無商業，亦無分工。

二　物質上之障礙　道路之艱難，貨物之笨重，二者皆足使運輸不便，商業濡滯而不前。

三　意外之損失　外受仇敵之搶劫，內遭盜賊之掠奪，商人之貨物，因之遇意外之損失。

四　政治上之限制　以吾國而論，不特進口貨有稅，出口貨亦有稅；不特國境有稅，國內亦有稅。稅重則物價因之而貴，是爲貨物不能流通之障礙。

雖然，教育普及，人性上之障礙以去；交通便利，物質上之障礙以去；秩序安寧，意外之損失以去；民權發達，政治上之限制以去。然此數者，非近世文明之國家不克有之；斯商業之發達，所由來者漸矣。

第一章　商業革命

國人數十年前缺乏地理之智識，中國之外，不知有世界。五百年前之歐人亦然。其所用之地圖，不見有亞美利加、澳大利亞與太平洋者。所謂世界，不過歐洲諸國與回教徒在亞洲西部非洲北部所建設之諸國而已。當十五世紀之末，冒險家始作長程之航行，而發現新地。自新地發現後，而行商之航路，經商之方法，通商之物品，驟然大變。各界皆形革命之狀況，而商業之革命，尤顯特色。故歷史家稱歐洲近世史之初期曰商業革命（commercial revolution）。然欲知商業革命之如何重要，非先述十六世紀之生計狀況不可。

第一節　十六世紀之村落

十六世紀之歐洲，農業爲人民大多數之職業；大多數之人民，居於鄉間，非若今日之聚集於城市。此則與吾國今日之情形大概相同。惟鄉間之組織，有一種特殊之制度，曰封土（manor）者，爲封建時代貴族之領地。其社會上之情形，與我國今日之村落大異。

封土之社會階級有二：地主（lords）與農民（peasants）是已。自羅馬滅亡，歐洲土地，爲諸侯所佔領。領土大小不等，或僅爲一村落，或兼有數十村落。一村落之面積，大者五千英畝（每英畝約中國六畝）小者數百英畝。其中土地，除爲地主直接管理者外，餘皆分配於農民。每一農民，約得三十英畝。此則與吾國井田之制度，大概相同；但農民之地位則不同。

中古時代之初期，全歐之農民，自由者甚少，而大多數爲田奴（serf）。所謂田奴者，非通常之奴隸，不能賣買而視爲一種之貨物；惟以分得地主之土地，而對於地主，發生種種之義務。每禮拜約一半之時間，須耕作於地主直接管理之領地（lord's demesne），外此又有特別之力征；焙麵包之灶（oven）榨葡萄酒之機（wine presses），以及穀磨（grist-mills），橋梁，僅地主得備有，農民用之，必交其麵包葡萄酒穀物之一部分或通過稅，外此又時作無定之貢獻。如是試問田奴之時間，田奴之收入，其能留爲己用者有幾何哉？且家中婚嫁之事，必須得地主之許可；村中訴訟之事，必爲地主或其代表所判斷。又不能脫離其所分配之土地，土地易主，彼亦隨之而俱易，抑若爲土地之附屬物者，故曰田奴。

當十六世紀開幕之時，田奴制度，日就衰落，而尤以西歐爲最甚。其結果也，不少之田奴，變爲自由農民。雖然，田奴之制度雖廢，而猶有遺風存焉。所謂自由農民者，仍受政治上經濟上社會上種種不平等之虐待。要而言之，歐洲中古時代之田奴制度，其土地之分配，與我國封建時代之井田制度，多有相同者；惟其農民之不自由，有過之而無不及。終日苦作，所得者不過免飢餓而已。而又被視爲卑賤粗魯躬耕於田野，直作爲「奴役」(servile labour)觀。服奴役之人與貴族子弟，地位之相差，不可以道里計。

予之所以敍述歐洲田奴制度者有三理由：(一)國人羨慕歐人之自由平等，以此卽爲彼商業發達之原因；而不知自由平等之歐人，卽在近世史之初，其不自由不平等有非吾人意料之所及。(二)力作爲工業之基礎，而工業爲商業之基礎。田奴制度，賤視力作，實爲商業不能發達之大障礙。(三)村落之農民，墨守世傳耕種之舊法，其生產之供給於居民者，既非不足，又非有餘；且其時之鄉間社會爲數雖多，然皆孤立不相往來，故與外間之交易絕少。

第二節　商業革命前之城市

一　城市勢力之發展

今日歐洲多數之城市，幾皆開始於中古之末期。其所以然者，以城市初時之營業甚簡單，僅售魚，鹽，鐵，與犁而已。迨後貿易增進（以十三十四十五三世紀爲尤甚），商人環遊鄉間者日多，農民始知城市之供給，不限於奢侈品，卽衣服鞋履器具之日用品，爲精練之工匠所造者，遠勝於鄉間之出產。且農業品之銷售，葡萄之交換羊毛，小麥之交換亞麻，亦以城市爲媒介之所。其後城市之範圍擴大，富有資財之市民，爲外國奢侈品最良之主顧，而外國之貿易，因之而繁昌矣。蓋城市，商業，工業，三者有連帶之關係。商業獎勵工業，工業扶助商業，而城市則以二者之興盛而發達。十六世紀之城市，脫離幼稚時代，而擁有政治上，經濟上之自由者，程度頗高。

溯城市之起源，本爲諸侯之領土，與村落同。其市民對於地主之義務，與卑賤之田奴同。迨爲時漸久，城市發達，而市民乃爲政治上之競爭。彼願納年金若干，以代個人應盡之義務，不願若田奴之服役也。彼願自己管理市場，不願受地主所施法令之拘束，以免其干涉也。彼願自設法庭，以審理訟案，不願受地主所設法庭之審理，以免其苛擾也。彼願爲全市納一各稅之總數，每一市民所應納之稅，自己分派之而徵收之，不願受地士之支配，以免其勒索也。此諸權利者，彼終獲得之，而每一城市，乃有一特許狀（charter）。特許狀者，一城市所應享之權利，爲地主（王或諸侯）所條舉而許可也。近世歐洲之自治制度，實濫觴於中古時代之城市。

二 商人組合

雖然，城市之得自由以商人能團結而有「商人組合」(merchant guild)也。商人組合，起源於十一世紀之初。一城市內之人，無論爲商爲工，凡以買或賣爲職業者，無不包括在內。當時之工商業，有組合之必要者有二原因：

一 保護上之必要　城市爲諸侯之領土，全部之組合員，互相團結，而其勢力足以抵抗地主之暴虐者，前既言之矣。鄉間之田奴，逃至城市，苟居有一年零一日之久，則城市保護之，以爲彼當脫離其奴役，得認爲自由民。故城市爲田奴之逋逃藪，而商人組合爲自由之屏藩。吾人時代之所謂通商也，爲甲國與乙國之關係；此時之所謂通商也，爲此城市與彼城市之關係；且並此關係而不多。甲市之商人，遊至乙市，往往不免被刼，或被禁爲囚人。故有商人組合，則得與鄰近之城市結約，互相擔保其組合員之權利生命財產，同時而對於組合員之債務，負償還之責任。

二 管理上之必要　然商人組合更重要之職務，則在市場之管理。擢外人利用市場之便利，而不分擔其維持費也，則設嚴重限制以防之。本市之貨物，苟爲市民所欲購買者，不准運移於市外。外市之貨物，運至於本市者，則設入城稅（octroi）以苛擾之。且商人爲維持營業之信用，選派糾察員（wardens），以禁止組合員之行私舞弊。

三 手工組合

昔城市以商業發達，而有商人組合之興；今以工業發達，而有「手工組合」（craft-guild）之興。手工組合之初起也，與商人組合同時並存；然至十三十四二世紀，一躍而佔重要之地位。有以手工組合，反抗商人組合之腐敗與專擅者，德意志其例也。有以手工組合，與商人組合，並行不悖，無抵觸之情狀者，英國其例也。手工組合之成立，欲以保護組合員之權利，維持交易之公平，與商人組合同。然組合員僅屬於同一之職業；且所管理之範圍，不僅及於貨物銷售之方面，而製造之方面，亦有詳細之規定。此其與商人組合異矣。

手工組合，蓋與吾國之「同行」相似。「同行」有所謂習藝之徒弟；而手工組合，亦有所謂習藝之徒弟。照手工組合之制度，以爲營業之後生，必須得相當之練習，而後出產之物品，始臻於完美。通常徒弟爲業主（master-workman）所選納，訂立契約。有居住業主之家，服役數年，而不得受傭金之義務。學習期內，熟練技藝。期滿後升爲匠人（journeyman），而受傭金。終得許入組合而可爲業主。開設店鋪，雇用匠人，收納徒弟，直接消售其出產品於顧客。如是組合員數之限制，所以監督營業。而營業之監督，不止此也；所用材料之品質，製造之方法，出賣之平價，皆一一規定；而又禁止夜工，選派糾察員，以實行若斯嚴厲之規則。故不特手工組合得以保存舊日營業之良法，卽顧客亦得以平價而購美物，意至善也。

當十六世紀之時，手工組合，雖不若商人組合之衰落；然內部已呈腐敗之現象。組合之大權，爲擁有資本之業主所把持。入組合之費與資格，逐漸爲彼所增高。組合之有連帶關係者，如紡織，染等業，以營業之範圍，無從劃定，互相爭論，有訴訟經年累月而尙未解決者。各業主抱均勢之主義，苟一業主，或採用新法，或多用工人，則以同業主之反對，而不得不爲之中止。物有定價，本所以維持交易之公平；今則藉此以爲勒索之方，而劣等之工物，多有受組合之認可而銷售，顧客亦無可如何者。積久弊端叢生，於是反抗力以起。

（一）匠人以手工組合之專擅也而結新組合。

（二）王家以其妨礙工商業之發達，而干涉之，手工組合，乃失其舊日之威望。

（三）資本家不願受組合規則之束縛，而發展「家作工業」之制度（見後），手工組合乃不能與之競爭。

（四）新工業應時而起，非舊時之組合所能範圍之。蓋手工組合之失敗，亦時勢之所不得不然者矣。

第三節　商業革命前之貿易

一　歐亞通商之復興

歐洲之自由以中古時代之城市為屏藩；而城市之盛衰，以商務之發達為樞紐。中古末期，歐亞通商復興，此城市之所由發達，而文化之所由進步也。

當古代希臘羅馬之時，歐亞通商，已為歷史上之一特色；但後因蠻人之侵略（barbarian invasions），回耶二教徒之衝突而中斷。至第十世紀而復興；自十字軍（crusades, 1095-1270）東征而進步甚著。當十字軍東征之時，意大利城市，以所佔地位之便利，運輸之職役，食物之備辦，皆由彼所爲而大霑通商之利益，以威尼斯爲尤甚。

十字軍東征之結果，使歐洲之香客與冒險家居留小亞細亞(Asia Minor)或巴利斯坦(Palestine)之時，慣嘗東方物產之旨味。及其歸也，傳告以東方之富饒繁華；否則或攜有珍寶，以惹起鄉人之奇異。當此之時，歐洲之資財大增，而性好裝飾之富人又不少，故意大利運入之東方商品，無銷路滯塞之患。

然則東方之商品爲何？何故而西方之人求之如此其急急？此則吾人所當知也。東方商品之最重要者，爲香料。當時香料所佔之位置，較今日更爲重要。何則？歐洲今日之食物，有鮮菜醬類(sauce)糖色(sweets)等以助口味；乃其時之食物，簡單無變化，故香料實爲最良之調劑品。僅胡椒一種，威尼斯人(Venetians)銷售之每年至四十二萬磅之多。此四十二萬磅者，威尼斯人購之於埃及，帝埃及帝得之於錫蘭、蘇門答臘或印度之西部云。肉桂(cinnamon)之出產處亦同。生薑來自亞剌伯印度及中國。荳蔻(nutmeg)丁香(cloves)茴香(allspice)等，惟馬來羣島中之香料島(Spice Islands)產之而已。

其次爲寶石不特如今日用爲個人之裝飾品且用爲寺廟僧衣之裝飾品。金鋼鑽，紅寶石(rubies)珍珠與其他之寶石當時僅爲波斯、印度、錫蘭所供給。其他又有蘇門答臘、婆羅洲(Borneo)之樟腦，中國之麝香，亞拉伯、波斯之甘蔗糖(cane-sugar)，印度之靛青(indigo)，檀香(sandal-wood)，及沉香(aloes-wood)等雜品。

東方不特爲香料藥材，珍寶貴重品等天然之貯藏所，且爲精緻品之製造廠。其精緻品之佳美，非西方所能及，如玻璃，磁器，綢緞，地毯，及金器是也。

東方之商品富美如此；而歐洲與之交換者，惟有粗羊毛布，信石，銻，水銀，錫，銅，鉛，珊瑚等物產。故不得不輸出金銀以作支付，而金銀幣乃逐漸減少。苟無美洲貴金鑛之發現，則歐洲金銀之供給，將不知所出矣。

雖然，歐亞之交通有大困難者存焉。烏拉山兩旁皆荒涼無障礙；南下爲土耳其斯坦草原，經亞拉伯沙漠直達撒哈拉(Sahara)大沙漠。是二洲之間，茫茫無垠，人跡幾不可通。自古初之時，惟循沙漠帶之孔道，藉以往來而已。

當十五世紀之時，歐亞交通之大道有三：

一　中路　藉底格利河（Tigris River）流域以交通者也。中國香料島及印度之土貨，逐段爲土船沿海岸運至波斯灣之重要城市曰奧麥士（Ormuz）。自奧麥士沿底格利河流域，運至白達（Bagdad）乃由旅商隊〔Caravans（沙漠之地多盜賊，故商人結隊而行以資相助，）〕轉運至地中海（Mediterranean Sea）之東岸。

二　南路　藉紅海以交通者也。自遠東及印度航行經印度洋而入紅海，乃由旅商隊轉運至地中海之東岸。

三　北路　經中國印度之後面，而達波爾的海（Baltic Sea）或黑海（Black Sea）者也。由中國印度起程之旅商隊，會集於天山之西：（1）或經裏海（Caspian Sea）之北方，入俄羅斯而達波爾的海；（2）或經裏海之北方，或沿裏海之南岸，而達黑海。

自黑海及地中海東岸而來之東方商品，雖法之海港馬塞耳（Marseille）西班牙之海港巴爾塞羅(Barcelona)，亦得吸收之；而大部分則入於意大利城市之手，尤以威尼斯(Venice)，熱那亞(Genoa)，比塞(Pisa)，佛勞稜斯(Florence)所得爲最多。

二 歐洲內部之通商

歐洲自十二世紀之後商業日形進步，貿易區域可分爲三：

一 南部 爲地中海之商業，握於威尼斯人之手。當時歐洲通商之路，以意大利爲起點。東方之商品，經亞爾魄士山(Alps)之山路，可達歐洲各處。

二 北部 爲波爾的海之商業，握於德意志漢撒同盟(Hanseatic League)之手。漢撒商人，自波爾的海諸國得琥珀，蠟，魚，獸皮，木材，及柏油，售之於不魯日(Bruges)，倫敦，威尼斯；而以小麥，葡萄酒，鹽，金屬，布及皮酒，與司干第乃維亞人(Scandinavians)俄羅斯人相交換。自意大利得東方之商品，如香料，絲綢等，及威尼斯之製造物，如玻璃器具，細紡織物，兵器，紙等，而以北方之物產，如金屬，皮革，羊毛布等與之交換。

三 西部 波爾的海與威尼斯通商之路，則交接於尼柔蘭(Netherland)。不魯日者，尼柔蘭之一城市也。十五世紀之時，爲西歐貿易之中心點。英吉利、西班牙之羊毛，佛蘭豆(Flander)之羊毛布，法蘭西伊比林半島(Iberian Peninsula)之葡萄酒，瑞典之瀝青(pitch)，挪威之脂肪，法蘭西、德意志之穀物，英國之錫，皆會集於此；而東方之奢侈品，威尼斯之製造物，南德意志之彫刻品，更不待言矣。

歐洲之內部，商務雖逐漸擴張；然交通困難，道路惡劣，運貨以馬，不能用車。橋梁甚少，卽有之，亦急待修理。游歷不特不便，且多煩苦，路費浩繁。道路河流之通過也，皆有稅。欲建築善良之大道，往往爲諸侯所阻撓，以因之而將失其通過稅之權利也。綿斯(Mainz)與可龍(Cologne)之間(二地皆在萊茵河(Rhine)旁)所設之通過稅，至十三處之多，足以騷擾商人者，不特通過稅也；此城市之人，入彼城市，而爲交易，又須納入城稅；且異地之權量貨幣，非所熟悉，不免遭意外之損失。

然最爲貿易之患者，則在道路作梗之盜匪是已。雖謹愼之旅客，攜帶軍器，遊行成羣以爲防；但亦不能得十分之安全。若夫海盜之爲禍更甚。商船隊雖時有戰艦爲之保護，然常受刧掠；偏波爾的海、地中海之船，皆懸海盜之黑色旗，蓋以刦掠爲公然之職業矣。

通商之危險與困難如此，其所以然者，由於無強有力之政府，足以誅討盜賊，維持道路，抑制通過稅之勒索。每一城市不過能保護其自己之商務耳。然城市國家之大，如威尼斯者，即足以削平地中海之海盜，與東方諸國結約，建設商業帝國；但較小之城市，則無能爲矣。例如北德意志之城市，不能單獨而爲所欲爲，其成功半由於聯合而爲漢撒同盟，不其然乎。

三　新地之發現

自歐亞通商復興，歐洲內部之通商因之活潑；意大利之城市，握歐洲內外貿易之樞紐，而執商業之牛耳。然自歐亞交通之孔道頓失，而情形爲之一變。自一四五三年，土耳其人克勝君士但丁（Constantinople），東羅馬帝國滅亡。此後一世紀中，土耳其帝國之版圖擴大，亞非利加之北部，埃及，東部地中海之島嶼，黑海，巴爾干半島，匈牙利，皆爲其屬土；而歐洲交通之孔道，所謂北路中路南路者，先後一一入土耳其人之掌握。土耳其人者，遊牧人種也，而性好戰，故輕視商人；且崇回教，故輕視耶教徒。對於威尼斯人通過之貨物，所課之稅，不勝其苛。歐人以兵力不及，無可如何；惟思欲與東方通商，非發現新海道不可。其結果也，葡萄牙獎勵發現新地，而探得印度之航路；西班牙獎勵發現新地而探得美洲之航路。

第四節 商業革命之影響

一 重商主義之盛行

所謂商業革命者，謂歐洲之商業不復爲地中海之範圍所束縛，而外擴於世界之膨脹行爲也。今試就其影響一一言之如下：

影響最重要之一，重商主義（mercantilism）之發生是已。商業之霸權，前爲意大利城市德意志城市所壟斷者今則移入於濱大西洋諸國之手。其所以然者，此等國家爲民族主義（nationalism）所釀成。國民之自覺心早已發達。謂同一言語同一文化之民族，宜受強有力之政府所支配。內則抑制貴族之強橫，外則排斥異族之羈束。政府保護國民，而國民擁戴政府。強有力之政府，於以形成。夫然後以建設獨立國家之精神，移用之於商業。葡萄牙西班牙之所以爲殖民帝國者，以王家之奮發有爲故。荷蘭之所以獲得新商路者，以由獨立戰爭而起之結果故。英法之所以爲十八世紀商業之勁敵者，以爲最強之統一王國故。

雖然，政治影響商業，而商業亦影響政治。當時歐西各國，互相爭雄，戰爭頻仍，顧無現金不足以維持戰爭；但歐洲之多數國家，不產貴金屬，惟藉外國貿易以吸收現金。故苟輸出之貨價，超過於輸入，則現金乃吸收於國內，如是之貿易曰順利貿易 (favorable balance of trade)。欲得順利貿易，政府當：(一)禁止或重課外國貨之輸入；(二)禁止原料之輸出；(三)獎勵製造品之輸出；(四)獎勵殖民；(五)作詳細之規定，使殖民地供給原料而為製造品銷售之市場。若斯之經濟學說，與夫根據此學說而成立之政治制度，是曰重商主義。

二　經濟新組織之出現

然欲外國貿易之興盛，莫要於特許商業公司 (chartered commercial companies) 之設立。特許商業公司者，受本國政府之許可，分有一定之殖民地，為其所通商，為其所管理，且有防守之職責。政府有勒令其納稅於國庫者；然苟經營拮据，則反可得王家之補助。

中古時代商業之經營，大都由個人或合夥 (partnership) 為之。自商業擴張之後，與他國通商，不得不建築堡壘，設備軍艦，以防蠻族或海盜或外國人之刼掠。然此斷非少數人之財力所能成功，而大公司之組織起矣。公司最初之形式，則爲規約公司（regulated company）。公司之會員，捐納會費以爲建築堡壘等公共之費用。訂有規則，會員必須遵守之。然各會員除捐納會費遵守規則外，無共同之策畫。營業之資本，則爲己之財產；所得之贏利，則歸爲己有：無資本公出贏利均分之事。

然規約公司行之約十年後，而知個人與團體之關係極薄弱。個人視自己暫時之利益，較團體永久之利益爲尤重。於是不得不求改良之道，而有合股公司（joint-stock company）之設立。股東出資，爲公司之資本；公司管理之權，付諸數人之手，而爲股東之全部謀利益；股東所得之利益，以出資之多少爲比例。如是個人之利益與團體之利益，合而爲一。且合股公司，必組織爲永久之機關，個人得隨意買賣其股份而始能盛行於世。顧此則在十七世紀開幕之後而始然也。

合股公司出現，而經濟之組織受其影響者有二端：

一　銀行業之興盛　當中古時代之初期，放款取息，惟猶太人爲之，而爲羅馬教會所不許。迨意大利商業發達，耶教徒乃頓改其舊日之思想，以爲借貸之事，爲金融界所應有。初則意大利人繼則法蘭西人，德意志人，以貸款兌錢著名於世矣。當時各國諸侯所鑄造之貨幣，僅通行於有限之區域；且僞造或成分不足之危險，遠甚於今日。故十六世紀之末期，買賣各國貨幣之錢商，在安脫呼潑〔Antwerp（十六世紀之初期，安脫呼潑繼不啓日起而爲歐洲商業之中心）〕營業甚盛。嗣後亞摩爾斯登（Amsterdam），倫敦，翰堡（Hamburg），佛郎渡（Frankfort on the Main）襲取安脫呼潑之營業，而各自擴展其金融之組織。收取存款，給與利息；復以之轉貸於他人，而獲更高之利息。蓋由兌錢業一變而爲銀行業矣。

二　證券交易所（stock exchange）之勃興　私人之積蓄，嚮者藏之於家，無所用之，今則可爲合股公司之資本矣。然苟無證券交易所，則少有積蓄之一般人民，何者營業適欲招股，股票之現價若干，仍不得知之。此證券交易所與合股公司同時並起，理之固然，勢所必然也。

在短少之時間內，中古時代之商人組合衰，而合股公司代之而興；猶太人之貸錢業衰，而銀行業代之而興。營業方法之革命，與外國貿易之變更，而俱來。此吾人所以特稱外國貿易之變更，爲「商業革命」歟。

三　新商品之發達

外國貿易，不僅自歐洲南部（意大利）東部（地中海）變遷而至西部；自城市變遷而至國家；自陸路變遷而至洋路；卽航行之船與數世紀前所用者相比，較強較大又較多，且穩健遠甚。所運載之物品亦爲之不同。以水運之費輕，輸送穀類，肉類，與輸送容積小之珍貴品如香料，絲綢等，均可獲利。新貨物如茶，咖啡等，進而爲貿易品。南北美洲以馬鈴薯（potatoes），玉蜀黍，烟草，可可（cocoa）（椰子核粉），甘蔗糖（前爲稀少之物）糖汁（molasses），糖酒（rum），魚，鯨油，鯨骨，染木（dyewood），（製染色之木），木材，獸皮等供給歐洲，而歐洲則以製造品，貴重品，及奴隸作交換。奴隸之爲商品也，太古時已然；惟以新世界之鑛地與甘蔗及烟草之栽植地（plantation），有需乎粗劣之工役，而販賣非洲黑人爲奴隸之貿易始盛。

商業之擴張，最足以激勵農工業之發達。新工業如絲綢棉等紡織業，不賴舊日組合之制度而勃起。舊工業如英之羊毛織業，則佔重要之新位置。掌其業者，爲較新式較有勢力之商人，專以批發爲職務。有代理商（agent）以購羊毛。購得後，分配之於紡工織工，給一定數之錢，作爲若干工作之傭金物成後則收集而售出之。如是之工業，曰資本工業，以原料與成貨(finished product)，擁有之者爲資本家，而非爲作工之工人，以別於舊時之手工業也；又曰家作工業(domestic system)，以工作在家庭爲之，而別於後日之工廠工業 (factory system) 也。

若夫商業革命及於農業之影響，雖不若工業之直接，然亦有關於人生。欲糧食之多，足以供給人烟稠密之城市而運輸於外國也，故開墾土地較前審愼。法以備萄酒著，英以羊毛著，各國之出產，似有傾於專門之趨勢。

四　間接之影響

上之所述，如威尼斯漢撒同盟之衰敗，商業公司之勃起，銀行業之發達，此商業革命之影響，與商業有直接之關係也。然亦有間接關係之影響者在，試列述之：

一　由商業革命，而歐洲之商人，探險家，傳教士，播其衣服習俗制度，傳播之於異方殊地；由是非歐洲之世界，受歐洲之同化，而歐洲之市場，亦爲之推廣。

二　商業擴張，各國之貨物會集，供歐人之使用，而日用之便利，爲之增進。全球之珍寶，羣獻諸歐人之前，而財產爲之增進。遊歷廣，見聞多，中古時代罔昧之思想藉以屏除，而智識爲之增進。

三　銀行家，商人，店主（shopkeepers）之中等社會，崛起於貴族與農民之間，其智識之高，資財之厚，政治之勢力，蒸蒸日上，蓄有催進後日政治革命工業革命（industrial revolution）之原動力。

第二章　葡萄牙之商業

第一節　葡西探求新商路之熱心

歐洲在十五世紀商業之繁盛，曠古無比；而葡萄牙人西班牙人則未與也。何則？欲與歐洲大陸貿易，則其所佔地理上之位置，不及德意志人尼柔蘭人之便利；欲與亞細亞直接貿易，則有意大利之城市阻止之。然其好用東方之商品，與中歐之人民同。意大利商人之勒索善價，雖不得不給與之，而心實不甘。且與在伊比利半島（Iberian Peninsula）（爲今西班牙葡萄牙之合稱）及非洲之回教徒（卽摩爾(Moors)族，當八世紀時，由非洲侵入伊比利半島，幾併吞半島全部，後爲葡人西人所逐出）戰爭經數百年之久，抑若以保護耶教爲其天職者；其欲達至東方而傳教也，亦宜。傳教之熱心益使其發現亞細亞新航路而脫離意大利商業束縛之志更堅切，此十五世紀時，西人葡人所以搜求印度爲急急歟。

第二節　三大航路之發現

一　好望角之發現　以新地之發現，而產出商業革命，發現新地之功大矣哉。然發現新地之功，當首推葡萄牙人。葡之爲國，壤地旣褊小，而又不開闢。顧當十五世紀之時，英主賢君先後輩出；而以亨利(Prince Henry)爲最著。終其身，注意於新地之發現，尤可觀者，彼之策畫秩序井井，適合於近代科學之方法。廣招全歐之探險家，獎勵航海之技術，逐年遣發不絕之遠征隊。先發現馬提辣羣島(Madeira Islands)，與亞索列羣島(Azores Islands)，潛沿非洲海岸而循序前進。一四四五年，距亨利提倡發現新地之試驗約二十五年，而第你太士(Denis Diaz)始達威德角(Verde)，以爲已近非洲之極南地矣，而不知須再待四十餘年之久，至一四八八年，而巴沙纙繆太士(Bartholomew Diaz)始達非洲之極南地名曰風濤角(Cape of Storms)，葡王約翰二世(John II)更名曰好望角(Cape of Good Hope)。噶馬(Vasco da Gama)接二太士之踵，一四九七年環繞好望角，繼續進行，沿東海岸而上，經印度洋而達印度。

二　美洲之發現　葡萄牙作發現新地種種試驗之時，西班牙亦以尋得印度新航路爲急務。意大利航海家曰哥崙布(Christopher Columbus)者，初爲葡萄牙王所用，以西航可達印度之策獻王，王不聽；乃往說西班牙王，雖數遭拒斥，然終得贊助。蓋其時西班牙之王爲斐迪南(Ferdinand)(一四七九——一五一六)與意薩備拉(Isabella)，適光復久爲回教徒所佔據之格蘭奈大(Glanada)，頗抱樂觀。一四九二年八月三日，哥崙布自帕羅斯(Palos)出發，經駛行疲憊之後，十月十二日在巴哈馬羣島(Babama Islands)之一曰聖薩瓦多(San Salvador)者登陸，而美洲於以發現。

三　全球之環繞　摩鹿加羣島(Moluccas)者，馬來羣島之一，以盛產香料著名者也。葡西二國，相持不下，各欲得之而後快。而羅馬教皇亞力山大六世(Alexander VI)則承認葡王之請求。

瑪志倫(Magellan)既不得志於葡王，乃遊說西王。謂是羣島者，亦可以西航達之；苟西班牙之船能達之，則當爲西班牙之屬地。一五一九年，瑪志倫乃奉西王命而出發，雖至斐立賓爲土人所刺；然其遠征隊，卒達摩鹿加羣島及其他馬來羣島，且環遊地球一週而歸。其結果也，歐洲外之世界，以教皇之敕令，均分於葡西二國：亞非二洲除斐立賓屬西外，餘皆屬葡；美洲除巴西屬葡外，餘皆屬西。

第三節　葡萄牙在世界商業上之地位

當一四四九年，噶馬還立士本(Lisbon)之時，所攜歸船貨之價值，較費用多六十倍。是爲葡人由海道運入東方商品之始。此後葡人之往東方航行者，絡繹不絕。一五〇三年，葡船運載東方商品於安脫呼潑(Antwerp)，所售之價，較自威尼斯銷售於不得日者更賤。由是葡萄牙代威尼斯而執東方商業之牛耳；安脫呼潑代不得日而爲歐洲商業之中心點矣。

雖然，葡所佔商業優勝之地位，不過一世紀而已。雖其商業政策爲純粹之干涉主義，人民無發展商業之機會，與西班牙甚相似（見次章）；然此尚不得爲商業衰敗之原因。而有更大之原因者在葡萄牙不特爲一小國，且實業亦不發達；卽自最初之時，其所運輸於東方之商品，全賴他國之供給。彼之探險外洋，營商遠方，非基於國民之有爲，實由於君王之提倡。最可憐者，一五八〇年與一六四〇年之間，爲歐洲各國商業競爭之時期，適爲西班牙所幷吞；西班牙惡政府之結果，影響於葡之商務者，惟有惡結果而已。而其時英吉利與荷蘭勃起，前者摧折其在印度之勢力，後者驅逐之於東方諸島之外。

自一六四〇年葡叛西獨立之後，惟巴西尙足爲商業發達之根據地。十七世紀之末，巴西有金鑛之發現；一七二八年，有金剛石之發現；一時巴西爲世界金與金剛石之主要出產地；又爲世界糖與煙草之出產地者，爲時甚久。十八世紀後半期，葡與巴西之通商，與十七世紀之初期相較，增加至二十倍之多。

然所增加通商之利益，大都歸於英人之手。英利用葡之萎靡不振，與之結約，使英之商人，在葡之市場，得各種之權利。當一七五四年時，葡幾無本國需要之出產物；其必須品三分之二，皆來自英，英已爲葡全部商務之主人翁矣。不特葡國內之商務，爲彼代理商之所經營；卽巴西之商務，亦爲彼商人之在立士本者所壟斷。運往巴西船貨之全部，與由交換而運歸之品物，皆爲英人之財產；所謂葡萄牙者，僅有其名而無其實。且一八二二年巴西離葡獨立，舊日之商業，一掃而盡。一八四八年之後，雖稍知振興，改良農業；然以資本缺乏，煤料不給，工業仍不發達。直至於今，葡萄酒不過爲最主要之出口品而已。

第三章　西班牙之商業

第一節　商業勃興之原因

當中古時代之末期，西班牙歷史有三大事發生：（一）裴迪南與意似備拉之結婚（一四七九年），由是而國家統一。（二）爲克蘭奈大（一四九二年）之克勝，由是而驅逐摩爾族（Moors）之戰績告成。（三）爲哥崙布之發現美洲（一四九二年），由是而新世界爲西之殖民地。十六世紀之西，以戰功與婚姻之關係，而西細利（Sicily），意大利，奧地利（Austria），尼來蘭(Netherlands)皆爲其屬土版圖之大爲歐洲前所未有。

工商業之進步，與王權得勢之速，二者可謂並駕齊驅。西在中古時代，所富有者原料，所出口者羊毛，鐵，與葡萄酒而已。所進口者皆屬製造品；且大都由外國船輸入，以久與摩爾族戰爭，人民不得從事於實業也。然在斐迪南意似備拉之治下，工商業有顯然之進步；但非至十六世紀，進步仍不得爲完美。至十六世紀，以羊毛爲基礎之工業發達之速，足供給全國人民三分之一；輸入生絲，製造之消售之於外國；建設大製造廠，以產肥料與他種之商品。每年自三百噸至五百噸之船，往殖民地者，在一百隻以上；其往歐洲之商埠，最少當不在此數之下云。

西班牙經濟發達之速，足以驚人，而其衰敗之速，則又過之；始也生產力減少，繼也停滯無進步，終則歐西諸國駸駕而上之。原因複雜，試就國內商業與殖民地商業而分言之如左。

第二節　國內商業忽衰之原因

一　人口之減少　一七二三年，全國人口不足六百萬，較之一五九四年，減少至三百萬之多。最可悲者，減少之人口，多在城市。夫城市人口之稀密，影響工商業之盛衰者，至爲密切。顧西班牙之大城市，在半世紀內，人口之減少殆半，或竟至四分之三。工業亦呈同等之衰敗。十七世紀中期之前，操羊毛業者，僅幾個工廠；而又製造粗陋，無足重輕。格蘭奈大所入之絲稅，較之査理士五世(Charles V 一五一九—五六年)時，尙不及四分之一。工業衰敗如此，欲運往製造品於殖民地，惟有賴他國之供給而已。

然則人口減少之原因何在？請略述之。西人之移住美洲者甚少；雖有異端審問所 (Inquisition)之設立，非耶教徒之見戮者，實繁有徒。然僅此猶不足爲害，而足爲害者，則猶太人與摩爾族之被驅逐是已。猶太人操西之銀行業，摩爾族操西之工業；乃以異教之故，西人不能寬容之。一四九二年驅逐猶太人於國外；一六〇九年驅逐摩爾族於國外，且摧殘之而無遺。猶太人去而西人不足代之而興，由是半島之資財，爲德意志之銀行家所供給；摩爾族去而西人不足代之而興，由是半島之製造品，爲英人荷蘭人之偷運者所供給，黃金外溢矣。

二　政治之不良　苟國家之政治組織，具有能力，則僅一事之爲害，猶可以補救。惜乎西當危急之秋，全賴君主一人之策畫爲轉移；而其時御治之組織，擅專如此，雖有良謀，無從達王之耳。有實業知識者不得入政界握大權者爲貴族僧侶，振商惠工之政策，茫然不知。吾人可深信而無疑者，西之大害，則爲政治之不良。此則當時然，卽在今日，亦莫不然也。

三　苛稅　政治最不良之點，苛稅是已。課稅之數，收稅之法，繁重橫暴，實業爲之壓塞而無生氣。十六世紀之時，財產稅（property tax）至百分之三十，以致田租無論如何減輕，農民不能營生。「埃爾喀拔拉」(Alcabala)（譯音）者，爲一種之稅，原定每次買賣，課貨價百分之十；其後稅率增加，直至商人，有願棄其營業而不願付稅者，稅多利少，得不償失耳。

四　關稅之過重　亦爲商業衰敗之一原因。所定稅率，幾爲絕對禁止的，不遵者處以死刑。然當國內製造毀壞之後，不得不用外國貨。外國貨之得輸入者，半由於外人之輸運，半由於政府之縱容：度量估價，有特別之優待，其結果也，所付之稅往往不及原定者四分之一。然如此之優待，外國人得享受之，而本國人則否；西人在歐洲之外國貿易，摧殘無遺。

關稅不特在國境內有之，在內地亦有，故貨物不得流通，生產無從發達。

五　他種之失策　西政府經濟政策之失計，可由美斯塔（The Mesta）之歷史知之。美斯塔者，爲畜牧者所組成之會，專以培養細羊毛（Merino wool）爲目的，得有種種之特權：租借牧場，莫能與之競爭。地之曾爲彼所用作牧場者，不得移爲他用。綿羊足跡所及之地，農產物爲其毀壞，地主莫敢如何，如是鄰近之農業漸喪。注重一事，卽犧牲其他更重大之事而不惜者，西班牙惡政策之特點，美司塔不過一例耳。灌漑制度，如運河水道等，昔爲摩爾族所竭力經營者，今則廢棄而不用。森林之斬伐殆盡，不足調節水之供給，而遺害土壤於無窮。

第三節　殖民地商業忽衰之原因

上之所述，乃解釋國內工商業衰敗之原因。然西則發現美洲，東則發現東方航路，苟殖民政策得其道，國內之損失，何難補償之於海外。十六世紀之西班牙，殖民地徧天下，較之他國，有建設商業帝國之絕好機會；而結果適相反。試舉其原因如左：

一　偏重鑛業　西人得美洲之後，卽發現貴金屬之礦。礦產甚富，遂醉心於礦業，而置工商業於不顧。其結果也，不特一切之製造品，卽穀類及食品，亦仰給於母國；使西班牙之工商，得壟斷殖民地之商務，而勒索重價。

二 重稅 雖然，以事實而言，有不能壟斷者在。西人初與美洲通商，比較的尙無限制，母國與殖民地間之貿易幾能建設鞏固之基礎而無如貿易程度尙不及此，政府橫征暴斂，毀壞不遺餘力。

三 貨船出發之限制 運往殖民地之貨物，必由王家之船運載。王家之船，必須集成艦隊而後出發。出發有一定之時日，出發點與達到點，有一定之海口。由此種之限制，政府易於保護貨船，且可指定貨船而征稅，是其利也；但商人事事受政府之束縛，不能自由，是其弊也。

四 阻止殖民 西人運至美洲之貨物，所索之價太重，故爲時漸久，銷場閉塞，有時不能售出而航還本國者有之。其特別之原因，則爲偸運之發達，茲暫不論。請先論其普通之原因。英之所以獎勵殖民者，以殖民發達，英貨之需要，亦爲之發達。而西班牙之政策適相反。人民欲往殖民地，而得政府之許可則甚難。卽幸而能至殖民地也，謀生之機會極少：足與母國競爭之實業，不准經營；所居留之地被限定，而近旁之物產無從發達。何也？以不特與母國通商受限制，卽殖民地與殖民地間之通商，亦受限制。物產不能流通，從何而發達乎？

五　私運之發達　自國內之工業，爲惡政府所摧折之後，運往殖民地之貨物，概爲他國所輸入，且概由私運而輸入。政府對於人民，能實行嚴厲之稅則；而對於外國人，則不能。故殖民地商業利益之大部分，爲外國所吸收。

第四節　十八世紀政策之改良及戰爭與商業之關係

當十八世紀之時，西班牙之殖民政策，全歸失敗。政府亦恍然大悟，知所須行之法令，不特不能實行，反戕賊本國之商務，獎勵外國人不正當之利益；乃設法改良，將前之種種限制，豁然删除。惜已晚矣！實業衰敗，達於極點。元氣之恢復遲緩，不足與他國競爭。其在十八世紀，實業之狀況，與十五世紀時，殆不相上下。一言以蔽之曰：產原料以供給他國，而製造品則倚賴他國而已。（讀者試以西班牙政府之政策經濟之狀況，與中國比較，當作何感想。）

西班牙之政策失敗既如此，不幸又迭遭戰爭。以荷蘭獨立（一五七九年）之結果，而其時全歐最富之屬地以失。以無敵艦隊（Armada）失敗（一五八八年）之結果，而西班牙海上所享之霸權，爲英所奪取。以西班牙王位戰爭（War of the Spanish Succession 一七〇一年——一四年）

之結果，歐洲之屬地幾失其半。以拿破崙戰爭(Noppoleonic Wars)之結果，美洲殖民地之大半，宣告獨立。以古巴叛亂 (Cuban revolt 一八九五—八年)之結果，斐立賓及新世界所餘之殖民地盡失。昔日世界無比之絕大商業帝國，至此一蹶而不振矣。

第四章　荷蘭之商業

第一節　國家之獨立與商業之興盛

自西葡商業衰敗之後，商業之霸權，轉移於北方諸國；而捷足先得者，荷蘭也。十六世紀之時，西班牙以婚姻與政治之關係，所得歐洲之領土甚廣，尼柔蘭 (Netherlands) 亦爲其屬地。尼柔蘭分南北二部：北曰荷蘭，南曰比利時。南北諸省，以西班牙政治之壓制，宗教之虐待，商務之限制，共起叛亂；但結果，比利時仍爲西班牙所羈縻，而荷蘭奏獨立之功。

荷蘭濱海，土地狹隘，出產有限，故人民不得不從事於海上事業以營生。初着手於漁業，每年之收入，由此而得者不少。十六世紀之時，所建設之海運業已可觀。輸送布，柏油，木材，穀類等於西班牙、法蘭西等國；而以酒類及其他歐洲西南部之物產，分配於波爾的海諸邦。

荷蘭人除運輸上述之物產外，又運輸東方之商品。惟東方之商品，初時大都間接得之於立士本。西班牙既幷吞葡萄牙（一五八〇年），以荷蘭人之叛亂也，一五九四年，使立士本不得與荷蘭通商。荷蘭人乃利用此好機會，以發現航行印度之路，逐漸與香料島貿易。當一六〇二年時，荷蘭之船，曾達印度者有六十五艘之多。自一六〇二年至一六一五年，十三年間，掠奪西葡之船，凡五百四十五艘。葡萄牙帝國之大部，如香料島，非洲與印度之海港，馬剌甲（Malacca），大洋洲（Oce-anica），及巴西皆為荷蘭所有。以一六〇九年亨利活得遜（Henry Hudson）在北美發現活得遜河（Hudson River），荷蘭人乃移居北美沿活得遜河之地，名曰新尼柔蘭（New Netherlands），即今之紐約省（New York）也。

荷蘭承繼葡萄牙之殖民帝國者既若斯，權力日增，乃能自漢撒商人之手，攫奪波爾的海之商業。徹十七世紀時，歐亞間之海運業，歐洲西南部與波爾的海間之海運業，幾全為荷蘭人所獨占。

尼柔蘭之叛亂也，比利時所遭戰爭之害，較荷蘭更甚，安脫呼潑大受損失。荷蘭乘獨立之餘威，欲制安脫呼潑工商業之死命，封鎖士爾達河(Scheldt)，管轄鄰近諸海，使全部尼柔蘭之主要貿易，盡轉入於安姆斯透達姆(Amsterdam)。且也荷蘭之海運業興盛，而外國貿易隨之而興盛；外國，貿易興盛而國內之製造亦隨之而興盛。工業發達，資本積蓄之多如此，使安姆斯透達姆，一躍而爲世界金融之中心點。近時營業之特點，如股票之投機(speculation in stocks)，商業之恐慌(commercial crises)，銷售之聯合(pools)，托拉斯(trusts)之組織，莫不發現於此時。

第二節　東西印度公司之經營

荷蘭之外國貿易，可分爲二部：荷蘭東印度公司(Dutch East India Company)，握東方通商之特權；荷蘭西印度公司(Dutch West India Company)，握新世界通商之特權。

荷蘭人之在亞細亞也，與葡人英人角逐而得建設一極大之殖民帝國者，實爲東印度公司所經營。東印度公司之前，有小公司之成立。小公司間之競爭劇烈，以鷸蚌相爭，反貽漁人之利也；爰於一六〇二年，幷合爲合股公司，曰荷蘭東印度公司。受政府之許可，得有通商東方之特權；且在東方得宣戰講和，建設法庭，儼然為獨立之政府。然費用浩繁，不幸而又盡沾當時政治之惡習。荷蘭人之政府，在本國，在東方皆腐敗而無能力，雖足與葡萄牙相抗衡；初至東方之時，亦足與英人相抗衡；然至十八世紀，英人之勢力發展，而荷蘭人乃無能為矣。自一七〇〇年之後，荷蘭東印度公司衰落甚速，至一七九八年而告破產。

若夫西印度公司之歷史，不及東印度公司遠甚。東印度公司，獲利豐厚，無從顧及新世界之貿易，於是有西印度公司之設立。西印度公司，幷合小公司，而成立於一六二一年，受政府之許可，非洲西岸美洲東岸通商之特權，為所專有。所得政治上獨立之權利，亦與東印度公司同。但其殖民事業，不獲成功。雖發現活得遜河流域，而建設新尼柔蘭之殖民地；然移來之荷蘭人，不得經營與國貨競爭之工業，不得與土人通商，而新尼柔蘭無從而發達；且一六六四年為英人所奪取。雖得有巴西，然治理無方；一六五四年，仍為葡人所奪回。雖新尼柔蘭、巴西之見失，而一時公司所分之股息仍甚高；惟其所獲之利，非由經商殖民而得之，乃由不正當營業而得之。即：(1)私與葡法英之殖民地通商，(2)緝捕西葡之商船，(3)販賣黑奴是已。然不正當營業之機會去，而公司乃不能維持，一六七四年，終告破產。

第三節　商業衰敗之原因

由東西印度公司之失敗，而荷蘭失其商業優勝之地位。何時而失之？何故而失之？失之於何國？是皆爲吾人所當研究之問題也。

英繼荷蘭而執歐洲商業之牛耳，殆無容疑。此變遷之在何時，請簡略說明之。所經過之時間，不過一百年；卽由一六五一年克林威爾（Cromwell）通過航海條例（Navigation Act），用以排斥荷蘭之商業而擴張英國之商業；至一七五〇年，英國商業優勝之地位，根深蒂固而不可拔，是已。

至於變遷之原因，最爲難知；而其原因之一，英之國勢，蒸蒸日上，是爲事實。若夫荷蘭則何如乎？其日漸衰敗乎？抑有進步，特進步之速，不及英國乎？以吾人之所知，荷蘭每年貿易之總數，至一七三〇年，仍有增無已。此後亦能維持舊狀。然當此時期，世界商業之進步甚速，以比較而言，瞠乎後矣。

荷蘭壤地褊小，不能爲政治之競爭；物產稀少，不能供給外人之需要。尤可痛者，無中央集權之政府，與漢撒同盟之缺點相同。城市之組織，自經濟上而言之，經營小範圍之商務固有餘，經營國際競爭之商務則不足。荷蘭之城市享獨立太大，不能羣策羣力以對外；腐敗而無能力，爲荷蘭地方政府之特點者，至後而愈甚。主治者爲世襲之家族，所發之政令往往有所偏私；而租稅又甚重。如是而欲求工商業之發達，爲可得乎？國內之衰敗既如此，國外之不振又如彼（與十八世紀歐洲諸國相比較），荷蘭乃失其第一等商業國之地位；今日所有之殖民地，所發達之銀行制度，不過舊日之殘餘而已。

第五章　法國之商業上

法當十五世紀至十八世紀之時，以歐洲第一富國著。不特面積人口，遠過於英；卽土壤氣候，較之他國，似佔優勝。外則面地中海與大西洋，近北海與波爾的海；內則河流布滿全國，交通便利，使內地與海相接觸。且當此之時，法人之生產能力，大有可觀；卽以製造而論，其天才不遜於英人。

第一節　政治與商業之關係

若是乎法之自然便利，勝於他國；顧在商業，永不能超過第二等之位置，以政治組織之不善也。試略述其歷史自中古末期以至一七八九年大革命時，可知之矣。

一　百年戰爭與新舊教徒內鬨之爲害　當十四世紀之時，法之農工業發達，國內貿易興盛；商船冒險遠航，直達非洲之西岸，在基內亞(Guinea)海岸建設「商站」(trading stations)，駸駸乎有爲歐洲第一商業國之趨勢。然以百年戰爭(Hundred Years' War 一三三六—一四五三年)起，而退入於中古時代之紊亂狀態。雖爲英法二國間之戰爭；但法爲戰場，而受害更甚。百年戰爭後元氣未恢復，而有新舊教徒之內訌。其結果也，約五十萬之新教徒，爲當時工業之中堅分子者，見逐於本國，而逃命於英吉利、普魯士、尼柔蘭等國。

二　專制之爲害　法雖終得脫離外侮，屏除內訌；然代價太貴，以全國之權，受於君主一人之手，而人民不得過問，惜哉！亨利四世(Henry IV 一五八九年—一六一〇年)可謂膽識兼全；然如此之君主，究不多得。路易十四(Louis XIV 一六四三—一七一五年)膽有餘而識不足，內不改良庶政，外不擴張貿易，而以寶貴之資產，虛擲之於戰爭。法之專制政治，不勝其弊，在十八世紀爲尤甚。英則利用其失策，以造成世界之帝國。

三　封建舊制未革除之爲害　封建時代之通過稅，此疆彼界，皆使地方分裂。法王不與封建制度並去之，以完全國家之統一；至大革命之前，仍未廢除。封建制度之遺物，不特通過稅已也；而社會階級之區別，亦依然存在。貴族教士，分利者也，而有免稅之特權；工人商人，生利者也，而幾任全國之負擔；不平孰甚？法自中古末期至大革命之政治史如此，請轉而述其商業史。

第二節　法有爲世界商業帝國之希望

約當一五〇〇年時，法軍侵入意大利；由是法人知羨慕意大利之文化，學得新營業之方法。其影響之及於法國商業者，遠過於新世界或印度新航路之發現。雖舊日東方貿易之興盛，已一往而不復返；然法之商船，加入於此者日多，而與威尼斯分受東方貿易之利益。其在歐洲，法首先與土耳其訂結通商之條約，是爲今日領事裁判權（capitulation）之嚆矢。

然法商業之發展，以十六世紀後半期新舊教徒軋轢而中止。國人內鬨，生產衰頹，貿易之來源斯涸。約當一六〇〇年時，商船幾絕跡於大西洋。幸亨利四世及其大臣蘇利（Sully）起，而危機暫爲之轉。

亨利頒布南脫勅令（Edict of Nantes 一五九八年），與新教徒以有限制的宗教自由，內部之秩序以定，乃與其賢相謀增進國民之幸福。蘇利以一國眞正之財富端賴農業。整理財政，減輕農民之負擔；內地稅之使穀物流通不自由者，廢除之。補助畜牧業。禁止森林之毀折。排放沼澤。重造道路橋梁，築運河。蘇利之獎勵農業如此，顧不以工商業爲重。亨利則信任蘇利發達農業之外，又扶助工商業之發達。導入蠶桑，由是法國最重要工業之一以之開基。巴黎、里昂（Lyons）、馬塞耳（Marseille）工業之興盛，亦權輿於此時。

路易十四之賢相哥耳巴（Colbert）倡重商主義，對於自英國荷蘭輸入之工業品，課稅甚重，或禁止其輸入。對於本國現有之工業，給與獎勵金及其他特權；又輸入新技術，招致外國之良工，以振興新工業。雖製造之方法，物品之大小，哥耳巴頒令訂定之，不免干涉過甚；顧其時法國工業之發達，爲前所未有。

哥耳巴欲建設殖民帝國，乃有西印度公司(West India Company)，塞內加爾公司(Senegal Company)，東印度公司(East India Company)，北方公司(Company of the North)，東方公司(Levant Company)等五大商業公司之成立。故東西印度，逃亞那(Guiana)，非洲西部，皆有法之殖民地；其在北美，有大湖區域(Great Lake Region)及密士失比河(Mississippi)流域之發現，與新著大島(Newfoundland)之漁業，以面積論，法之爲殖民帝國者，僅次於西班牙而已。

第三節　法所以不能爲世界帝國之原因

若是乎，法國由自然之便利，與人爲之成績言之，不可謂無優勝之基礎；然其殖民經商，多歸失敗。推厥原因，則由於當時之過失，爲普通所犯者，缺乏組織之能力，不知開創之艱難，無忍耐力以解決難問題是已。且也法人在國內階級之區別，仍攜之於海外而不能遺忘，是爲缺點。雖然，十七世紀，爲歐洲各國遠方商務殖民事業試驗之時期，不免有所失敗。況法當一七〇〇年之前，所得之成功，已足以投入十八世紀競爭之場，而大有獲勝之希望。然終不能獲勝者，則以政治組織之不善，一人獨斷獨行，而置全國之利益於不顧也。

當路易十四之時，法之將來，或為大陸之雄國，或為海上之霸主，尚未有定；惟視所採擇之方針如何耳。當時哲學大家拉伯尼耻 (Leibnitz) 進言於王曰：欲法之偉大，非駕馭海洋，掌握商業不可；欲擴張勢力於海外，非使國內太平不可；欲壟斷近東遠東之貿易，非佔據埃及不可。路易十四則不以為然。以法之邊界離巴黎太近，必欲奪取鄰國之土地而後甘心。適西班牙王無嗣，路易十四欲以其孫為嗣，而攫得比利牛山 (Pyrenees) 以南之地，於是有西班牙王位戰爭（一七〇二—一七一三年）。戰爭告終，法以活得遜海灣之區域 (Hudson's Bay Territory) 新蘇格蘭 (Nova Scotia) 與新著大島 (Newfoundland) 拱手而與之於英。或以為是殆無關緊要；而不知自此之後，英法二國之政策，各趨異途：英則注意於殖民帝國之建設，法則注意於大陸之戰爭。一七六三年，英法經商殖民之競爭告終。其結果也，法則舉北美殖民地之全部，西印度與非洲殖民地之數處，割讓於英。要而言之，法之於大陸戰爭，毫無所得，而所失甚大。內則租稅增加，國債纍纍，人民困苦，釀成大革命；外則歷年所經營之商業與殖民地，置之於不顧，盡失之於英。此英之所以為世界帝國，而法之所以失敗也。

第六章　法國之商業下

法之商業，自大革命起，以至今日，可分爲四期：自一七八九年大革命，至一八一五年拿破崙之失敗，爲第一期；自一八一五年至第二次共和（一八四八年——一八五二年），爲第二期；自第二次帝國至拿破崙第三之失敗，爲第三期；自普法戰爭（一八七〇年——一八七一年）後至於今日，爲第四期。今分別言之。

第一節　自大革命至拿破崙之失敗

十八世紀，法與英在海外爲殖民經商之競爭；而國內封建之遺制尙未革除，不得不謂失敗之一原因也。大革命之成績，即在掃除舊時代之惡習而廓淸之。釋放田奴，階級之區別，免稅之特權，一概廢止。教會之領土，歸爲國有，出賣於人民，而小地主增加。妨礙製造發達之組合制度，阻止貨物流行之通過稅，皆廢除之，而工商業爲之解放。由是法國社會之狀況，經濟之情形，改革一新。然內訌外患，迭起不已，商業幾爲之中止。拿破崙崛起而秉國政，減輕租稅，修造大道，開闢運河，排放沼澤，增固堤防，擴張海港，注意公共教育，以養成生計獨立之國民。舉舊日各處不同紊亂無序之風俗，習慣，律例，整理之而編成民刑，商諸法典，興農振商惠工，如此苟專心於內治，豈不甚善？而無如抱幷吞歐洲之野心，四出侵掠，歐洲各國，幾皆俯首從命；惟英則恃強不服。拿破崙以英之富源，惟國外貿易是賴，欲斷截其富源，爰於一八〇六年大敗普魯士之後，頒布敕令，禁止歐洲大陸諸國，與之通商。德、荷、意、西等邦，駐兵監視，強行敕令。英亦出報復之策，勒令中立國商船之與歐洲大陸通商者，往返必須經過英之海港，付某種之稅而後可。其結果也，歐洲大陸不得與外交通，物價之貴，較英數倍，商人貪利，多私運入英之貨物，而不能禁止。且也拿破崙不能使全歐從命，一八一〇年，俄皇顯然反對，拿破崙親征，怏怏而歸，自是一蹶不復振，至一八一五年，滑鐵廬(Waterloo)之敗，而英法之戰爭告終。英則得瑪爾塔(Malta)，好望角(Cape of Good Hope)，錫蘭(Ceylon)等地，海外之版圖擴張；入十九世紀而商業之霸權，鞏固不可拔。法則頻年戰爭，精疲力盡，屬地減削，海提(Hayti)以叛亂而失，魯西安那區域(Louisiana Territory)售之於美！惜哉！

第二節　自一八一五年至第二次共和

法當革命時代，以煤鐵為基礎之工業，與夫機器之應用，不過略具端倪而已。故拿破崙失敗後，和平恢復，即以為保護幼稚工業之不可緩，而增加關稅。人皆以哥耳巴所定法國一六六四年與夫一六六七年之關稅為甚重；而不知法國在一八五〇年前之關稅，對於數種之重要原料，如羊毛，棉花，麻，生鐵，鐵條，鋼鐵，明礬等，所課更重，重而幾帶禁止(prohibition)之性質。其時之鐵工業，以能力而言，以出品而言，皆遠在英後；顧其所以能得國內之市場者，則以保護關稅故。如是保護之關稅，僅有關係之個人受其益，而國家實受其害。且不特對於重要之原料課重稅已也，即對於機器，亦課重稅。當此之時，英恐所發明或改良之機器，流入於國外，故禁止出口；而法之進口稅，竟有達至百分之百，以阻止機器之進口者。其結果也，英以機器之進步，工業亦因之而進步；而法則不受鄰國機器進步之影響。英以工業之進步，商業擴張；而法則革命後幾六十年，本所擅長之商業，較向日所擴張之地位，進步甚微。

第三節　自第二次帝國至拿破崙三世之失敗

自一八五〇年至一八六〇年之十年間，以拿破崙三世(Napoleon III)之改良關稅，而商業之擴張甚著(自二十億佛郎以下驟增至五十億佛郎以上)。路易拿破崙(Louis Napoleon)一八四八年當選爲大總統；至一八五二年，改爲帝政。權力甚大，不受工業社會之牽制，以敕令減少或停止農產品原料品(如煤，鐵，鋼，羊毛等)關稅之稅率；而法之工商業久不發達者，今則進步甚速。自一八四七年至一八五九年，所用蒸汽力之增加，在三倍以上。當一八六〇年之時，法之商務，爲英國商務三分之一有多，而佔據歐洲商業國之第二位置。至一八六〇年，法與英結通商條約，採納自由貿易之政策。拿破崙三世欲得英之歡心，以鞏固其在國際上之地位，故有是舉。英則對於自法輸入之物品，多改爲無稅；法則廢除輸入禁止，對於英國輸入品之最高稅率，在一八六四年以前者，不得過從價百分之三十；至一八六四年以後，減爲百分之二十五。自有此條約之締結，而歐洲諸國，聞風興起，爭欲締結類似之條約。自由貿易之主義，幾至完全實現。雖然，拿破崙三世之傾向於自由貿易，非不遭攻擊；且預料以法之工業，將從此而傾覆者甚多。不知實際之結果則不然。一八五九年至一八六九年，商務增加，自五十四億佛郎而爲八十億佛郎。農工業受此增加之利益，可由以下之事實證明之：(一)原料如羊毛，生絲，棉花等，進口而為製造之用者，增加甚多。(二)煤鐵之用大增加。(三)自一八六一年至一八六六年，人民之從事於工商業者，增加幾至百萬之多。

第四節　自普法戰爭至於今日

普法戰爭之結果，拿破崙三世之政府推翻；而其關稅之政策，亦隨之而推翻。當時國家主義，風行於歐洲，自由貿易之世界主義無立足之餘地。況法當戰敗之後，賠款既巨，自不得不謀關稅之增加，以整理其財政。且拿破崙三世與各國所結之條約期限將滿，而改正稅率之時適至。尤關緊要者，當一八七五年至一八八〇年之時，歐西諸國工商業皆異常衰頹，而法之農業更甚。以外國穀物之輸入，穀價日落，故農業界素於關稅政策不甚注意者，今則亦力倡保護。於是有一八八一年之新關稅。新關稅對於輸入之製造品，較從來之協定稅率，平均加稅至百分之二十四；政府與外國協定時，不得較國定稅率，低減至百分之二十四以下。至於輸入之品，農業無稅者，應新設；有稅者應增加；惟不得協定。但新關稅實行後，穀價下落仍如故；由是農業界以不堪外國之競爭，力倡關稅之增加。一八八五年之總選舉，旣歸保護派之勝利，因之重要之農業品，乃有急激之增稅。雖然，增加關稅之聲浪仍未已也。工業界以條約上之限制，國定稅率之增加，有名而無實；即已霑保護惠澤之農業界，亦尙未滿意，而希望稅率之更增。適一八八九年之總選舉，保護派又佔勝利；而法與各國所結之條約，又皆於一八九二年滿期，故有一八九二年之新關稅。

新關稅有最高稅率最低稅率之規定。最高稅率爲關稅報仇 (tariff retaliation) 而設；最低稅率爲使法國享有協定稅率之利益，或受最惠國待遇之國而設。惟最高稅率，製造品農產品皆有最低稅率，僅應用之於製造品而已。製造品之最低稅率，遠在當時各國之上；而農產物所受保護之程度，更非他國所能及。

一八九二年之新關稅，至一九一〇年而復更改。更改之理由，汽車、打字機等之新商品，尙未列入稅單；且其他歐洲各國之關稅，自一九〇三年後，屢有更改。是以法國之關稅，不得不更改，以適應時勢之要求。然更改主要之理由，則不在此，而在工業界之大鳴不平。若輩以政府與各國締結協定條約之結果，最高稅率，僅應用之於葡萄牙；而與他國，皆應用最低稅率，故最高稅率有名無實。且以爲最高稅率與最低稅率之差，大約不過百分之十五，尙不足爲關稅戰爭（tariff war抵制之用。故一九一〇年之新關稅，最高稅率與最低稅率皆增加而二者相差之距，平均爲百分之五十。原料品仍爲無稅；而農產物之稅率，大抵如舊。由此觀之，法自普法戰爭後，屢修關稅，而稅率愈高，有趨極端保護之傾向。

自一九一九年七月二十九日起，法之商業政策，開特別之途徑，由最高最低之二重稅則，一變而爲一般（general tariff），中間（intermediary tariff）最低（minimum tariff）之三重稅則。例如法與希臘結最惠國之條約，對於希臘每年輸入葡萄酒，可分爲三部分：第一部分之一萬五千海克立透（hectaliters 法量名，每海克立透約合英量二十二咖倫）課以最低稅率；第二部分之二十萬海克立透，課以較高之稅率，但仍低於一般稅率，所謂中間稅率是也；其餘所輸入之部分，則課以一般稅率，與非最惠國所輸入之葡萄酒同。

如是同一物品，以所來之國家不同而稅率爲之不同；同一國家，以一年內所來物品之數量不同，而稅率亦爲之不同。如是節制外國貿易之方法，苟應用於多數之國家，應用於多種之物品，其足以阻止國際上之交換者，當非淺鮮。惟法國現在僅應用之於貿易不甚重大之國家，且僅應用於少數之物品，故國外貿易受如此之限制者範圍不廣。（詳見 United States Department of Commerce, Commerce Reports, July 28, 1924）。

但三重稅則之足以節制國外貿易，較二重稅則更形嚴密，殆無容疑。蓋法國近二十年來，國外貿易往往呈入超之現象；而歐戰後財政狀況，愈形竭蹶。欲免外貨之侵入過甚，乃採取更足以節制外國貿易之稅則。然稅則雖變，而自普法戰爭後所懷抱之保護主義，則未嘗變，可斷言也。

法在今日世界商業之地位，與人絕異：（一）農產物甚富，人民大都從事於農業，其有賴於商業也，遠不如英德之甚。（二）所產物品，與鄰居之大國不同。出口貨多為美術品，奢侈品，時式品，而進口貨多為機器，粗織物，煤鐵等，適與英德相反。法以素嗜品質高尙之物，抱極端保護之政策，欲在世界商業國家中獲得第一等之地位甚難。雖彼與廣大之殖民地貿易，大有增進；然管理殖民地之費用，遠過於商業所得之利益。一八八一年，政府始獎勵造船與航海，其意欲發達商船 (merchant marine)；顧外國貿易五分之三，仍為外國船舶所運載，而不能達其目的。

法人之缺點，使商業不能發達者有如是；而最近爲歐戰所造成之經濟狀況，亦大足引起吾人之注意。法在戰時，財產之喪失既甚多，而所耗之戰費又甚大，負債纍纍；又不得不設法復興和平後毀壞之戰區。其結果也，入不敷出，而濫發紙幣；物價踴躍，匯兌昂貴，貨物支出與外債支出，同時增加，預算與國庫之均衡因之破壞；又不得不濫發紙幣以彌補於一時。如是循環往復，幣價無定；而物價傭金利率隨時變動；貯蓄之念消，信用之道失，而工商業入於危境矣。故法欲恢復戰前之經濟狀況，非首先平定佛郎之市價而後可。

第七章　英國之商業　上

在外國商業史中，吾人所最當注意者，英之商業史也。英最初自無甚重要之國家，一躍而壟斷世界之商業；近今以法美德日之後進國，起而與之競爭，而舊日之地位搖動。其間得失與敗之因果，經驗之宏富，在世界商業史上，當首屈一指。故吾人敘述之，亦較他國更詳。

第一節　預備時代

英自一五〇〇年起至於今日，佔世界商業優勝之地位。欲知其所以然，常先知一五〇〇年前後之狀況。英倫（England）與威爾斯（Wales）之總面積，與歐洲大陸多數之強國相較甚小；蘇格蘭（Scotland）尙爲獨立國，愛爾蘭（Ireland）不過爲一種之殖民地。惟英之爲英，享有莫大天然之便利。與大陸分離，無防禦外敵之必要，故武人專制之政府無自起，而平民之自由發達爲最早。

此政治上之情形也。顧自經濟上而言之，氣候宜於畜牧，而不宜於耕植；礦產除錫外，採用者尙少。故在一五〇〇年時之英國，不特面積褊小，卽物產亦缺乏。欲在歐洲博得一強國之位置，非賴國民之奮發有爲，國民與國民，國民與政府，協力合作不可。

然經濟上亦非無進步，而足爲日後發達之基礎者：田奴之制，已消滅於鄉間。良工佳品，政府懸賞獎勵，以興盛之。以興盛之綿羊業爲基礎，構成毛織物之新工業。脫離手工組合之束縛，而有專家（specialists）爲之先導。專家或投資於工，或投資於商，雖直接爲自己謀利益，而間接造成社會之幸福。

上之所述，皆爲英國優勝之點；顧其最優勝之點，則爲政治之善良：不特不必耗財以禦外侮；且內部聯合，政府與國民接近。不觀乎西班牙之虐待異教徒，屏斥外族，荷蘭政府之腐敗，法國之苛政與革命，德意志意大利之散漫不統一乎？凡此政治之惡現象，英國皆幸而免，其有裨工商業之發達者非淺。

以今日而觀，英人固爲商業之國民；顧以此爲英人之天性，則又不然。何以見之？英人雖有良好之海港，深入內地之河流，然在中古時期，不善於航海，且其商品大半爲外人所運載。至十五六世紀，始一躍而爲活潑之商業國民。其所以然者，原因不一。自重要者而言之，則秋鐸(Tudor)王朝之諸君，善於外交，與他國結約，爲商民獲得重要之權利；與夫「冒險商人公司」(Merchants Adventures) 之人，知所以善用此權利是已。

「冒險商人公司」，蓋指初時之商人，販運英貨於外國，往海外經營冒險之商業而言也。此等商人，最初自國家得幾多之特權。惟自一五〇五年，始得王家之許可，而組織爲公司，以定規約會員得以自己之資本而經商，惟不得違反規約。故「冒險商人」爲規約公司，而非爲合股公司。

吾人苟尙記憶上所述個人經營遠方商業之艱難，則十六世紀之末期與後此之時，有商業公司之組織者，不足怪矣。約在一六〇〇年時，一尋常之英商可得通商之外國，惟法西葡三國；至與其餘之外國通商，非爲公司之會員不可。各公司受國家之特許，而有貿易獨占之區域，如斯干第乃維亞(Scandinavia)與波爾的海(Baltic Sea)之貿易屬於東陸公司(Eastland Company)；俄羅斯之貿易，屬於俄羅斯公司(Russia Company)；自丹麥(Denmark)至法蘭西一帶之貿易屬於冒險商人公司(Merchants Adventurers)；地中海之貿易，屬於近東公司(Levant Company)；非洲之貿易，屬於幾內亞公司(Guinea Company)；亞細亞之貿易屬於東印度公司(East India Company)；美洲之貿易，則有勿吉尼公司(Virginia Company)，魄力毛斯公司(Plymouth Company)，活得遜海灣公司(Hudson's Bay Company)等。

此等公司，或爲規約公司，或爲合股公司，或介於二者之間；然皆享有特權，蓋非此不足以擴張海外之商務。但積久而其壟斷之制，爲公衆所不悅，以所索之價過高也；尤爲商人所不悅，以不得染指於遠方之商業也。至十七世紀之末，反對之聲浪極高，公司不得不有改良之舉，或減少入會費，或取消特權；惟有數公司仍繼續成立，其尤著者，東印度公司是已。

第二節　發達時代

十七世紀，公司營業最活潑，爲自由營業之預備。十八世紀，自由營業與盛，使英國執世界商業之牛耳。英國商業進步之速，可見之於左表（以百萬爲單位，金鎊與金元並列）：

時期	進口貨	出口貨
1698－1701	£ 5.5　$ 27	£ 6.4　$ 32
1749－1755	8.2　41	12.2　64
1784－1792	17.7　88	18.5　92
1802	31.4　157	41.4　207

細察上之數目，一世紀之內，外國貿易之增加，有五六倍之多。在前半世紀，進步已不少；在後半

世紀，進步之速幾不可限量。

一八〇〇年以前，英國商業發達之大概，有如上之所述。今所欲言者，則爲發達之詳細事實，以說明如何發達之情形而已。欲使讀者易於領會，先將所討論之大問題，揭爲總綱如下：吾人所首當注意者，爲(一)英國出口貨之性質，知一國之出口貨，卽知一國所擅長者爲何種商品，足與外國貨相兌換。次當論及(二)英人所占有之便利，能使其擅長之商品，勝於外國，外國人樂而購之。(三)購之爲何國。是已出口貨已明，然後進而論其(四)進口貨與夫(五)進口貨之來自何國。進口貨爲英國所需要之物，不必爲彼所不能產，特產之而不能獲利耳。進出口貨之賴以運輸者，爲航海業，是則(六)英國航海業之發達，亦爲重要之問題。(七)英國政府之政策，如外交，戰爭，關稅，殖民等，政治家之籌畫經營，所以謀商業之發達者，豈可忽哉？

一　出口貨之解剖

約當一八〇〇年時，出口貨（外國貨之輸入，再換船而輸出者，不在內）全部之價值，爲二千九百萬二千九百萬鎊。其最重要之品目，以百萬鎊計算者有如下：

羊毛製造品，爲七・七，佔全部四分之一以上，

棉製品爲四・一，

鐵與鋼製造品爲二，

各種織物裝飾品爲一・五，

麻布爲一，

此五品目，超過全部之一半；他種之品目，無一達百萬鎊者。所輸出之原料，總計不過百萬鎊而已。

二　生產之發達

今試由外國貿易而研究國內之情狀，與外國貿易有密切之關係者，則見一六〇〇年後國內之生產，發達不息是也。

（甲）農業革命　人口之增加，激厲農業之改良。雖土地氣候，不適宜於農業；然以種植新物，引用新法，而收穫大增。萊菔、苜蓿等播種於向日休耕之地，或爲飼料，或爲肥料，皆新利源也。由飼畜

法生殖法之改良，而家畜之重量較前增二倍或三倍有餘。馬鈴薯及其他之新農產品，自美洲與歐洲大陸傳入。有大資本之地主，應用機器，而農業爲之革命。穀物之生產大增，不特足以供給繁殖之人口，且有時以有餘而輸出外國。

（乙）運輸及信用機關　近世之初，以道路惡劣，運輸不便，內地商業，不能擴張。自一七五八年，由曼徹斯特（Manchester）闢一運河，至相距七英里之煤礦地後，運河推廣，運費大減。其結果，也原料與食物之供給，源源而來，無斷絕之虞；且製造品得以銷售之於市場。不特此也，十八世紀，又爲英國銀行發達之時代，信用之擴張，亦爲商業發達之原因。

（丙）工業革命　手工組合仍存；但不若在大陸諸國之占有勢力。蓋英國最重要之工業，已進而爲家作工業之制度矣。家作工業，驟觀之，似與手工業無特別之變更。何也？以工人仍在家內作工；惟工人之原料，非爲工人所有，而爲企業家所有耳。然嗣後之工業，腦力較手力更爲重要。企業家研究國內外市場之狀況：購買之原料，惟求其便宜，出售之成貨，務求其高價；注意於生產問題之大者，而小者不復顧問矣。

工業之成功，有賴於良工者不淺。英以享政治上宗教上之自由，而大陸諸國精嫺技藝之工匠，避政府之虐待而來歸者甚多。若輩促成羊毛工業之改良，激勵絲，麻，棉，造紙等工業之發達，成績昭著。然苟無抱遠識，富經驗，擁有大資本之企業家出而包攬大宗之定貨，竭力推廣銷場，何能使若輩之技藝，發生外國貿易擴張之影響哉？

近世製造之發達，惟機器是賴；然十八世紀之前，機器之發明不少，顧未聞有人起而利用之者，則以遭手工組合之反對也。迨家作工業制度起，而製造之範圍擴大，新發明乃始有應用之機會。一七七〇年與一八四〇年之間，以機器之應用，而演成工業之革命 (industrial revolution)。茲述其大概。

製造中之可應用機器者，莫過於棉業。棉業有二種絕異之手續：一則自纖維紡成為線，一則自線織成為布是已。一七三八年約翰愷 (John Kay) 發明飛梭 (fly-shuttle)，織工之精力與時間，為之節省，而生產量則多至一倍。顧棉業之發達，猶甚緩慢也。蓋用舊式之紡車 (spinning wheel)，六紡工所紡成之紗，僅能供一織工之用，此為其缺點者一；英人所紡成之紗線，柔弱不適為經線之用，必代之以細麻所紡成之線，而後可，此為其缺點者二。欲排除此等之障礙，哈格利甫(Hargreaves)於一七六四年，發明多軸紡機 (spinning-jenny)，前者紡工一人一時只可紡成一線者，今則可紡成八線矣；阿克拉 (Arkwright) 於一七六九年，發明水紡機 (water-frame)，當紗線之各股，尚未紡成為線之時，展伸之，則強韌而可作為經線之用矣。紡之生產量大增，而織亦變更其舊法。一七八五年，揩拉(Cartright)發明力織機 (power loom)，以代人工，而速度大著。其餘棉業之手續，如梳 (carding)，染等，亦皆改良。至於機器之動力，初則用水力 (water-power)，後以一七六九年瓦特 (James Watt) 之發明蒸汽機 (steam engine)，而用蒸汽力，生產量益增。

毛織業之發達，不若棉織業之速。以毛織業為英國之主要工業者已久，根深蒂固，一時無由動搖之也。然為時漸久，一切機器應用之於棉製造者，亦應用之於羊毛製造矣。

其他之工業，為吾人所不可不知者，鐵工業是已。十八世紀之前，鐵由木炭鎔成。鎔鐵一噸，需二擔 (loads) 之木炭；燒成木炭一擔，需二擔之木材，故鐵工業以木材供給之多少為消長。是以當時之製鐵場，規模極小，出產之量不足於用，而多仰給於瑞典。若夫以煤鎔鐵之試驗，雖時有人爲之，而終無效果。至一七六〇年，噴氣爐（blast furnace）告成，煤可以鎔鐵，而製鐵工業爲之進步。一七九〇年，蒸汽力應用於噴氣爐，而製鐵工業又爲之進步。其後亨利柯脫（Henry Cort）發明製鐵之新方法：在用煤之鍊鐵爐（coal-puddling furnace）內，生鐵可變爲鍛鐵；以 roller 之作用，鍛鐵可變爲鐵條；較之昔日以手鎚打鐵者，費時少而成效速。一七四〇年至一七八八年，鐵之產額，由一萬七千噸至六萬八千噸，增加至四倍之多。至一七九六年，爲十二萬五千噸，不過八年，增加幾至一倍。與鐵有連帶關係之工業，乃別入一新天地。此一八〇〇年，英國鐵與鋼出口之所由多也。

三　出口貨之主要市場

英國商品之市場，隨所運往之地而不同者，自然之理也。美洲殖民地未獨立前，爲英國製造品最暢銷之市場，以僑民有高貴之嗜好，且謀生不憚勤勞，以滿足其慾望也。殖民地建設製造之困難，由於母國法律之束縛者少，由於環境之阻礙者多，故不得不以豐富之原料，與母國之製造品相交換。所交換者爲何？一言以蔽之曰：除食物外，人生之必須品與奢侈品，幾皆爲英人所供給。英國製造品之消售於歐洲者，不能定如此分明之界限。有數種之工業（如絲，綢，麻布，花編，織物等，）他國顯占優勝；然英之毛織物，幾乎處處流行；他種之紡織物與冶金類之製造品，在歐洲亦易於消售。

若夫他洲，則文化較劣，英人所運往之物品，非足以激厲土人之生產與交換不可。金銀運入亞洲者甚多。火藥，鐵，酒類等，惹起半野蠻之涎羨，而消售於非洲。

四　進口貨之種別

英之出口貨，已述其大概矣；茲請進而述其進口貨。進口貨者，以出口貨交換而得之也。以百萬鎊爲單位，英在十八世紀末之進口貨，以有如下：

糖　爲七・一

茶　爲三・一

穀物爲二・七

細麻爲二・六
棉花爲二・三
咖啡爲二・二
木材爲一・五
牛油爲一・〇
烟草爲一・〇
大麻爲一・〇

以上總數，超過進口貨全部（四二・六）之半。所進口者，概爲國內所不能產之原料與食物，蓋英國已爲「世界之工廠」(workshop of the world)矣。雖其中自殖民地而來之貨物，復有輸出於外國者；然大部分則留爲國內之消耗品。不特人口繁殖，且商務振興，資財增加，得滿足新物品（如糖，茶，咖啡，烟等）之慾望。

五　進口貨之來源

當十八世紀之末，英與法與尼柔蘭之商務中斷；顧與其他歐洲諸國，仍爲活潑之交易。惟所進口之貨，其中之製造品大都爲不重要之物，不足列入前單；而重要之原料，則有仰給於文明較遜之國家者。

然最重要之進口貨，不得不取之於歐洲以外。與亞洲通商，則得茶之全部，咖啡，糖，及棉花之一部。所得之印度製造品不少，而紡織物爲尤甚。東印度公司，壟斷亞洲之貿易。至一七九三年，尋常之商人，始得參與印度之商業。

歐洲外，可爲英國商務擴張之地者，其美洲乎。英屬西印度羣島之輸入於英國者，概爲熱帶產。由甘蔗而供給糖，糖汁(molasses)，與夫自糖汁所釀成之酒(rum)。所謂美洲棉花(American cotton)者，在一七九三年，輝脫尼(Whitney)發明軋棉機(cotton-gin)以前，幾全仰給於羣島。至於美洲大陸，以有各種之氣候，較羣島有多種之物品。無論何處，幾皆產皮革，木材，與船需品(naval stores)。又有各州特別之物品，如米及烟草，鯨魚，鯨魚油等，以與英國之精巧製造品相交換。

與非洲貿易有一特別之點，卽直接運往於非洲者，往往不及運出者遠甚是已。運出者爲金，象牙，黑奴等而販賣黑奴英人獲利甚大以念珠(beads)與酒類交換黑奴，不攜歸之於英國而攜往於美洲殖民地，不僅得販賣之利，且可得運輸之利。黑奴至美洲後，在田間力作，英人又購買其出產品以獲利。

六　海運業之發達

當十六世紀之初期，英之進出口貨，非復如前之倚賴外國船而運輸矣。不特此也，本國之貨，既爲己船所運輸；且外國之貨，亦多爲己船所運輸。世界海運業之牛耳，今則由荷蘭而移於英人之手矣。約當一八〇〇年之時，英之進口貨，有四千二百萬金鎊之多，而出口貨不過二千九百萬金鎊。其間相差之一千三百萬金鎊，豈無代價而得之歟？抑負債而得之歟？推其原因，以英人爲他國運貨，其相差數之一部分，作爲運費；然其相差數之大部分，則爲自外國而來之貨，又輸出英國，而運往他國者也。

英之所以能建設商船(merchant marine)者，以國民與政府二大動力之作用也。自國民之方面而言之，當十七世紀之時，其海運業之經營，尙不及荷蘭人之節省，同一工作，而英人須用水手較多；然在十八世紀，因美洲之殖民地，能供給豐富之造船材料，故海運業發達之速度，足與歐洲一般之進步並駕齊驅，或更過之。由政府之方面而言之，海運業之發達，不僅可得經濟上之利益；且一旦與外國有戰爭，商船可作爲海運之補助品，故以擴張航海業爲急務。顧國民與政府二者雖皆同力合作，然當一六五〇年之前，英之商船，尙不及荷蘭遠甚；至十七世紀之後半期，而有英荷二國之激烈戰爭。

當頭第一大棒，震搖荷蘭之海運業者，一六五一年，克林威爾執政時，國會所通過之航海條例(Navigation Act)是已。條例維何，其大要如左：

一　歐洲之貨物，惟英之船舶或原產國之船舶，可輸入英國。

二　他國之貨物，非英國船舶，不得輸入或輸出。

三　特種之貨物（如糖煙草等），運至任何歐洲國家之前，必先運至英國。

欲實行此政策，至發生一六五一年至一六五五年之英荷戰爭。戰爭之結局，英國勝利，而建設鞏固之海運業。

七　政府之政策

一　關於戰爭者　歐洲自十六世紀至十八世紀之歷史，實爲各國戰爭之歷史。其間之大戰爭，英人所以參入者，以確知商業利益之所在也。參入所得之結果，往往非版圖之增加，即爲通商之新利益。英之所以與法爲世仇者，以法爲商業之勁敵也。英之所以與葡萄牙爲聯盟者，以二國間之商業，非互相競爭而互相輔助也。

二　關於關稅者　英爲自由貿易之祖國，顧以當時而言，亦不免爲重商主義所束縛。當時英政府之收入，取之於關稅者不少。然關稅之政策，以培植國力，足與他國競爭，爲最重要之目的；而收入猶爲餘事。對於外國之製造品，或課稅，或禁止，使之不得入口；對於本國之原料，苟爲國內工業之基礎者，或課稅，或禁止，使之不得出口；對於本國之商品，苟可以獲利者，則獎勵之不遺餘力：此皆重商主義之原則也。然以關稅之屢次改革，前後多有矛盾之處，故於管理上甚感不便；且以課稅之繁重，而反生獎勵私運之結果。以關稅之功效而論，雖有數種工業（如絲等）藉之而建設者；但棉織業卽無優待，亦必爲英國最重要之工業，而實際上反受關稅之牽制者，此則爲吾人所當知也。

三 關於殖民者 英政府殖民之政策，以殖民地爲母國之一部分，當特別扶助母國之發達。人民也，資本也，皆可遷移於美洲；然在美洲所培植之資產，當與母國之資產互相爲用，不宜互相競爭。由航海條例之限制，移民必須用英國之船，而後可經營商務；某種出產品，必先運入英國而後可運銷之於他國；由他種之限制，英之製造品（如毛織物，呢帽，鐵條，鋼等）移民不得製造或交易：凡此限制，皆根據夫重商主義，而後日美國獨立之所由來也。然較之西班牙之殖民政策寬大遠甚。且英政府出獎金以促進十三州工業之發達。美洲所造之船，得與英船享同等之權利。是則對於殖民地之利益，非不注意。吾人又當知者，美洲殖民地之環境，不宜於製造；而其所產天然物之大部分，英國適爲其天然之市場。故英之殖民政策，在美洲獨立以前，尙不足爲大害。

第八章 英國之商業下

第一節　極盛時代

一　自由貿易之實行

英國之重商主義，行之於十八世紀以前，或能扶助商業之發達；至十八世紀之末，十九世紀之初，內而工商業之進步甚速，外而世界之情勢大變，舊日之商業政策，已不適用，而不得不徹底改革。改革之方向，可條舉之如下：

一　航海條例之廢除　北美十三州之獨立，南美西班牙殖民地之獨立，使「重商主義」所孕育而成之殖民政策，根本上不能成立；而由殖民政策所孕育而成之航海條例，亦不得不爲之變更。

當英國與拿破崙戰爭之時，對於中立國海運業之權利，不得不承認；故自一八一五年之後，舊日之航海條例，不能復行。乃於一八二四年與一八三〇年之間，先後與世界主要之商業國結約，承認外國船得自由航行至英國海港；而英國船亦得有自由航行至結約國海港之權利。惟英國之沿岸航海，英國與殖民地間之航海，殖民地與殖民地間之航海，外國仍不得參與。繼則與殖民地通商之權利，亦許他國參與；惟參與之國，亦必讓與同等之權利。終則於一八四九年與一八五四年之間，英國沿海岸殖民地航海之種種限制，全歸廢除。

航海條例撤去，英國之商船不特不衰敗，而增加甚速。一八〇〇年，英船有一、六〇〇、〇〇〇噸；一八二〇年二、四〇〇、〇〇〇噸；至一八五〇年，約有三、五〇〇、〇〇〇噸之多。

二　一般關稅之改良　英國入十九世紀，而所有之關稅條例，爲時經五百年之久；法令先後頒布，至一千五百種之多，其雜亂可知。一切外國貨無論爲原料爲製造品，皆須納稅；而納稅又甚重，商人不勝繁苛。爲時漸久，英之商業日增，而關稅之爲害愈益顯明。

約當一八二五年，赫斯克遜(William Huskisson)乘時機之已熟，乃從事關稅之改良：(一)將所有之條例，削繁就簡，使之易於明瞭。(二)進口之原料爲英國製造品之用者，減其稅率。(三)進口之製造品，減輕其稅率，約課從價百分之三十。其原理以所課之商品，苟適宜於國內之製造，則課稅百分之三十，已足爲保護之資。(四)出口之各種限制，——如原料，製造品，精巧之工匠，幾皆廢除；即防機器出口之限制，亦爲之寬縱。

赫斯克遜關稅改良之政策如此，其功效之顯著，出乎意料之外。進出口貨皆爲之增加。顧當時之關稅，商人尙以爲苛；國務總理批爾（Sir Robert Peel）於一八四二年與一八四六年之間，復行各種之改革。其結果則爲：（一）輸出稅全行廢止。（二）舉從來關稅種目一千一百五十種之中，删減爲五百九十種。（三）一切輸入禁止稅（prohibitory duties），概行撤廢。原料品之輸入，大體無稅；半製品課以極低之稅率；製造品除絲織物之輸入稅率爲從價百分之二十五以至百分之四十外，其他概爲從價百分之二十。

然批爾之關稅政策，猶帶保護主義之色彩。至一八六〇年，財政大臣格蘭斯頓（Gladstone）將絲織物毛織物一般製造品之輸入稅，概行廢除；而減少所有之輸入稅，僅四十八種。由是英國已完全達於自由貿易之主義矣。

吾人所當知者，英國之自由貿易，並非完全無進口稅。一八六〇年之四十八種，迨後減至二十種，至一九一四年歐戰開始前仍然。惟所存之進口稅，爲烟草，茶，咖啡，葡萄酒等，純爲財政上之收入計，而非以保護國內之產業爲目的耳。

三　穀物條例之廢除　英國在十七世紀，爲農業國。所產之穀物，有剩餘而足以消售於外國者甚多。惟至一七四〇年，而出口之穀物，頓形減少，以人口增加，工業發達，農民多移居於城市而謀生，鄉間因之衰落也。一七九三年之後，穀物之出口者絕無；且國內之所消費者，尙有不足之虞：乃不得不有穀物入口之獎勵。

及夫英國與拿破崙戰爭之時代，因大陸封鎖之政策，波爾的海沿岸諸國之穀物，供給爲之斷絕，乃設法以增加國內之出產，而奏成效。穀物之價，驟然大漲。至一八一五年和平恢復，各地主懼外國穀物之復輸入也，以保護農民爲名，而求救於國會。其時之國會，適代表地主利益之保守黨佔優勢，於是有一八一五年穀物條例（Corn Law）之通過。凡小麥之每一夸透（quarter）在國內之市價非達八十先令以上，則外國之穀物，不得輸入。雖此條例，後有變更，惟吾人不必詳述。一言以蔽之曰，穀物條例之目的，欲藉關稅之賦課，以阻礙外國穀物之輸入，防止國內穀價之暴落，謀圖農業之發達，或保護農業之權利而已。

殊不知國內所產之穀物，終不足爲消費之用，不能不有賴乎外國穀物之輸入。穀價增高，受其益者，惟地主之一社會而租地或受傭之農民，以穀價之變動激烈，不特無利，而又有害。至其有害工業之發達，自不待言內則以食物價貴工價受其影響；外則以波爾的海沿岸諸邦及美國等農業國，因穀物受英之排擠，對英之工業品亦課苛重之輸入稅。

惟當時之下議院，卽在一八三二年選舉法改良之後，議員五分之四，爲地主之代表，工商業社會之代表甚少。改良家攷白登（Richard Cobden）及白拉脫（John Bright）兩氏，乃於一八三七年，在曼徹斯透（Manchester）組織「反對穀物條例同盟」（Anti-Corn-Law League），傳布論文，開會演說，以惹起輿論界之注意。適一八四五年，愛爾蘭大遭飢饉，穀價暴騰，人民苦不聊生。批爾有見於穀物條例修正之必要，乃於一八四六年，實行修正，僅留幾許保護之色彩。至一八四九年，將所有穀物輸入稅豁免，僅留每一夸透（quarter）一先令之稅額，作爲登錄費；迨後並此登錄費而去之。

穀物條例之廢除，爲英國歷史上重要事實之一。蓋英國由農業國變爲工商業國，已受最終之正式承認；而此後之工商業，得自由發展，卽農業亦受其利。人民之戶口大增，而同時人民之購買力亦大增，故對於肉類鮮菜果物牛奶等之需要，亦爲之大增。

二　國外貿易發達迅速之原因

一美國歷史家之言曰：英人之商業，當一八〇〇年之時，不過扶助國家之發達；至一九〇〇年之時，直與國家有生死存亡之關係。是言也，足以表明英國在十九世紀之時，外國貿易發達之迅速。其原因顯易，請述之於下：

一　所佔地位之便利也　歐洲與世界交通便利，而英國適居新舊世界之中。一言以蔽之曰：英國在近世所佔之地位，實不啻意大利在中古時代所佔之地位。

二　所享海上霸權之永固也　以海運業而言，航海之船，修船之塢，駛船之水手，無一不備，無一不完美。故所享海上之霸權，永久鞏固；即在戰爭之時，亦得繼續經營海上之貿易，而無中斷之虞。

三　殖民地徧天下也　雖以過去之半世紀而言，英之殖民政策，較前寬大，而殖民地之商業，未必爲母國所獨佔；然即今日殖民地商業之大半，不待強迫，而自屬於母國。夫以英國殖民地範圍之大，面積之多，文明程度之高，其與英國之外國貿易，有密切之關係者，自不待言。

四　工業之革命爲最早也　工業之革命最早，工業之發達亦最早；故餘多之製造品，自足爲出口貨之用。若夫法國之工業革命，則在十八世紀中葉之後；德國之工業革命，則在一八七〇年之後：工業之發達，較英國爲遲。世界之市場，多已爲英人所佔據。且英國之製造品，爲日用必需之物，而深合世界一般人之需要，亦爲英國商業發達之原因。

五　主張自由貿易也　國際貿易間之航海限制，保護關稅，英國首先破除之。雖自由貿易之政策，其足補助商業之發達，能有幾何，議論紛紜；或者其勢力較前述之原因，更爲薄弱，亦未可知；然穀物條例 (Corn Laws) 廢除之後，不過五年，自五百萬金鎊之出口貨驟增爲一千萬金鎊，則英國之自由貿易，謂與商業之發達，有關係者，要非無因。

三　國外貿易之解剖

以過去之半世紀而論，英國之日進而爲製造國者，解析其進口貨之性質，即知之矣。請先論其出口貨。

出口貨之極大部分，爲製造品之大宗，可分爲紡織物與冶金類之二大宗，與一八〇〇年時之進口貨同；惟所占位置之重要次序則異。綿織物爲英國最重要之製造品，當現世紀開幕之時，英國工廠所出產之綿紗每日有一萬四千英里之多，多於其餘歐洲各國出產額之總數，出產如此之多，約三分之二運銷於他國，占出口貨總值五分之一。一九一三年英國所有紡錘（spindles）之數，爲五七、〇〇〇、〇〇〇，歐洲大陸諸國，爲四三、〇〇〇、〇〇〇，美國爲三二、〇〇〇、〇〇〇。鐵與鋼之製造品，進而爲第二重要之位置。蓋世界工業後進國製造及運輸之基本器具爲英國所供給者不少。其次爲毛織物，英國之製造品，造端於毛織物，卽在今日，仍爲毛織物出產品最多之國；顧以本國之出口貨而論，已失其向日第一之位置矣。其餘製造品占重要之位置者，則爲麻織物（linen manufactures），皮革製品（leather goods），化學品，磁器等。此出口貨製造品之大概情形也。至於出口貨中之飮食品及原料，則占小部分；而原料中煤幾爲惟一重要品。

出口貨如是，請論其進口貨。英國自採用自由貿易政策之後，不賴國內之原料與食物以自給，故進口貨中食物佔最重要之位置，而紡織物之原料次之。雖粗賤之穀類，來自數千英里之外，而可爲商品者，近世交通之便利使然也。雖易變味之肉類果類，蔬菜牛乳食品(dairy products)等物，得運自外國而可爲商品者，近世交通之方法與保存食物之方法，進步使然也。英國之自由貿易政策，不特獎勵原料之輸入，亦獎勵製造品之輸入。雖製造品之輸入所佔之位置，不如食物與原料之重要，顧增加甚速：輸入之製造品中，絲綢一項，本非爲英擅長之出產，其輸入之增加也亦宜；惟所輸入者又有毛織物，鐵器(hardware)，皮靴，皮鞋，紙與其他之物件，則可見英國之製造品，亦受外貨之劇烈競爭矣。

雖近數十年來，德美法日之商業，異常發達；顧一九一四年，英國之進出口貨，幾占全世界外國貿易總數五分之一，外國貿易之發展，可想而知。惟英之外國貿易，足惹起注意者，則歷年之輸入超過是已，而超過之數又甚大：以一九一四年而論，進口貨爲六九六、六〇〇、〇〇〇金鎊，輸出貨爲九五、四〇〇、〇〇〇金鎊，出口貨爲四三〇、七〇〇、〇〇〇金鎊，是則入超爲一七〇、四〇〇、〇〇〇金鎊。其爲良現象與否，茲無暇論；惟其原因，可得而解析之如下：(一)英國之輪船公司徧世界，爲他國運客載貨而進口貨之一部分，卽爲所應得報酬之代價。(二)英國爲世界商業與金融之中心點，而進口貨之一部分，卽爲所應得經手費之代價。(三)英國爲世界債權國之一，投資外國，而進口貨之一部分，卽爲應得本利之代價。(四)英國人之服役外國或殖民地者不少，而進口貨之一部分，卽爲若輩寄歸儲金之代價。

至於英國對外貿易，在地理上之分配，得簡括言之：歐洲貿易，仍爲最重要之部分；而英屬地之貿易則次之。若夫英美間之貿易，爲英與任何第二國間貿易之最大者。

又有一事爲吾人所不可不注意者，則英國商船之發達是已。當一八五〇年之時，英國執世界海運業之牛耳；在十九世紀之末，仍無他國敢與之抗衡。歐戰以前，所有之商船，幾占全世界商船二分之一；一九二〇年，占全世界三分之一。雖船數爲之減少，然以船之噸數加大，帆船改爲汽船，而容量實較前大增。自航海條例廢止之後，舊日之保護政策，已不復行。雖商船之代運郵便，英政府不惜出重資以爲之報酬；顧欲獎勵航運而出經常之補助金，英政府尙不願爲之。夫英賴外國原料與食物之供給，以維持其生計；賴海軍之力，以使其戰時海上貿易之大道不塞；是則英國之運命，與商船之發達，有密切之關係可知。

第二節　競爭時代

由前言之，英國之國外貿易自工業革命自由貿易之後，發展異常迅速。樂觀之英人以爲從此世界之商業，將永爲彼所獨佔；而不知近五十年來，英人已失其昔日之地位矣。試觀一八八一年至一九〇〇年之十二年間，英以外之國，所需之進口貨，增加至百分之十一；而其自英運入者，不過增加百分之四。英屬殖民地所需之進口貨，增加至百分之十七；而其自英運入者，反減少百分之一。似爲英國之外國貿易，趨於衰敗之明徵。又試觀英國之出口貨，如紡織物鋼鐵等爲彼所自許者，無甚增加；而其所增加之出口貨，或彼視爲非重要之製造品，或彼欲留存國內而爲原料之用。似爲英國工業趨於衰敗之明徵。凡此現象，英人視之，大形恐慌。故研究衰敗之原因，而力圖補救之方法。試一一列舉之如下。

一　外國製造之競爭與補救之方法

一　來自東方者　東方製造競爭，最足爲英人患者，莫過於棉織物之製造。亞細亞之工人，雖不若英之工人，久受機器製造之訓練，然於粗作之製造，足與英人競爭；且工價較廉，而工作之時間又較長。近時之日本印度，輸入英國之機器，用英國之工程師，而棉織物之製造，頗爲發達。其出產物不特足以供給內國之需要，且足以銷行於中國之「中立市場」(neutral markets)。雖中國之工業革命，較日本印度爲遲，而自歐戰之後，其棉織物之發達，亦有蒸蒸日上之勢。

二　來自西方者　較東方更劇烈之競爭，西方是已。近五十年來德美各種之製造，皆異常發達，其出產物不特供給英之屬地，且侵入英國內地之市場。德美之所以超出英國之上者，有四原因：

(1) 英國之初等教育，不過發達於近時，而又以與宗教問題相牽連，而進步爲之窒礙。是以德美之一般工人，以所受教育之優勝，而更適宜於最近製造之方法。

(2) 英國之工會 (trade unions)，以阻止新機器之引用，限制出產之增加，而大爲工業發達之障礙。

(3) 英國之工業教育，較普通教育更形退步。製造之新法，他國採納早，而改造又較深；而英不然者，以缺乏有教育之製造家故。

（4） 英國爲工業之先進國，故其工業社會，已失冒險進取之精神；德爲工業之後進國，故其工業社會，富有進取冒險之精神。

英人欲掃除以上之積弊，而抵抗德美及其他新進國之優勢也，乃行以下補救之方法：

（1） 注意於平民之教育　即最貧苦之子弟，亦得受普通之教育與初等之職業教育。苟爲聰穎之後生，雖境遇困難，學校出津貼（scholarships）以補助，由小學中學大學，得循序漸進而畢業。

（2） 注意應用之高等教育　最古之牛津（Oxford），劍橋（Cambridge）二大學，已不復重視神學古學，而重視科學矣。新立之大學以孟徹斯透大學（Manchester University）爲模樣，而重視化學工程，與其他直接有關工業之科學。科學之研究，不特爲學校所重視，而政府亦重視之。一九〇〇年，有「全國物理試驗院」（National Laboratory）之設立，一九一五年，有樞密院（Privy Council）所屬「科學與實業研究委員會」（Committee of the Privy Council for Scientific and Industrial Research）之設立，是其明證也。

（3）工業試驗所與出品檢察所之提倡　大學之所以有益於工業者，以其爲物理與化學之試驗，而有科學之發明也。然其所發明者，科學之原理爲多；而製造之方法，非工業試驗所不爲功。顧工業試驗所須購備各種原料及器械，資本浩繁，在極大之工廠或有力爲之；否則非賴同業之組織，不克舉辦，且亦爲同業中所應有之事也。

又有爲同業中所應有之事者，出品檢察所之設立是已。出品檢察所無研究發明之性質，惟檢察工廠出品之品質，以保全同業之信用而已。

二　商業組織之薄弱與補救之方法

假如英國之出品，較他國優勝；然苟不知外國人之需要與習慣，則出口貨仍不能多，是其責在商人，而不在製造家。故英國商業組織之強弱，與外國貿易大有關係。英國商業之組織，有二大缺點如左：

一　不知外人之需要　商家之派有外國旅行商（commercial traveler）也，一面所以直接銷售貨物於外人，他方面所以調查外人之需要而推廣市場。英之外國旅行商人數太少，而又無適當之預備，往往不能操外國語。故英之輸出商所輸出之貨，不知外人之需要，而惟任己之意，爲選擇而已。

二　不採納外國人之貿易習慣　設出品不特足供給外人之需要，且其品質不讓他國之競爭品；然苟於貿易之習慣，未能合外人之心理，則仍不能銷售於外國。故採納外人之貿易習慣尚已；而英人則不然，其故由於外國旅行商之不行其責，而輸出商亦未能辭其責也。其在東亞與南美之國家，貨物之銷售，必爲小量，而付款之期又須延長；英商則不願採納此等條件，故其營業爲他國之商人所奪取也亦宜。且同爲外國貨，而包裝運輸之方法，稍有不同，即有一銷與一不銷之區別。前英國政治家張伯倫（Joseph Chamberlain）置身實業界之時，其工廠所造之木螺旋（wood-screws），出售於法國者本少。張伯倫乃引用米突之量度，所裝包之大小，與所裝紙之顏色，適合於法人之習慣，而木螺旋之輸入於法國者，於以增加。苟英之製造家多如張伯倫，則英之外國貿易，將不爲他國人所奪，而無庸張伯倫之提倡保護政策矣。

近時之英人，深悟不知外國人之需要，不採外國人之貿易習慣，不足以推廣出口貨之市場也；

故改良領事之職務，使之調查外國工商業之狀況，而爲適當之報告。又恐領事之報告，太普通太簡單而不足爲特別之用也；故樞密院附屬之「科學與工業研究委員會」提倡同類之工業，設立公會，派遣旅行商於外國，以調查外國市場之特別情形。不特調查外國市場之情形已也，卽外國顧客之經濟狀況，亦當有詳細之調查；蓋如是雖顧客付款之期延長，而無失賬之患，同時商業亦因之而擴張。

三　自由貿易之失敗與補救之方法

自英國採行自由貿易政策之後，一時法德亦採行自由貿易政策。樂觀之英人，以爲嗣後自由貿易，將普及於世界。孰意不多時，法德一變而嚴守保護主義，其他多數之歐洲諸國亦增加其關稅。美國亦然。最可注意者，卽英國之自治殖民地(British Self-governing Colonies)亦趨附保護幼稚工業(young industry)之政策，於是英國乃立於孤立之地位矣。競爭國之貨物，輸入於英國者，幾全無稅；而英國之貨物，輸入於彼者，其所付之關稅，輕則爲從價百分之十，重則有至百分之三十者。以此之故，英國之貨物，不能輸入於競爭國，而與土貨競爭；反之而競爭國之貨物，得輸入英國。其售出之價，不特較在本地更廉，且較生產費 (cost of production) 更輕；待英國之工業推翻後，又漲價以賠補其前損。由以上所述之近狀觀之，英之受害，已無容疑。惟自由貿易所得之利，較所得之害孰多孰少，是爲問題；而英之朝野，多以爲害多而利少者，於是乃有改良關稅政策之提倡。

爲此提倡者，可分爲二派：其一派則以爲英固當以自由貿易爲主，惟須得對等之權利。與他國結約，苟對於英國願行自由貿易之政策者，以自由貿易酬報之；不願則以保護政策報復之。如是則關稅不失爲報復 (retaliation) 之器具，所謂關稅報復主義是也。

其又一派則以爲英國當棄自由貿易政策，而採保護貿易主義。對於帝國以外而來之貨物，無論爲農產品，爲製造品，皆須課稅。惟英國本部對於殖民地屬地之農產品，較同一之稅減輕；反之，殖民屬地對母國之製造品，較同一之稅減輕，互相優待。由政治上之團結，一變而爲經濟上之團結，所謂帝國關稅同盟(Imperial Customs Union) 是也。

此二派中，關稅同盟之說，較關稅報復之說大佔優勢；而歐戰後更甚。歐戰後，英國政府，本於戰時之經驗，知數種工業關係於國防者甚大，有保護之必要；乃於一九二一年，頒行「工業保障法」(The Safeguarding of Industrial Act)，對於此種之外國出品，一律課以值百抽三十三又三分一之重稅，以獎勵國貨。此法本定施行五年，至一九二六年十月終止；然觀其趨勢，不特無廢止之意；且他種工業非國防上所必需，但因近年輸出不振，或維持不易，政府有應人民之要求，推廣此法應用之範圍而保護之者。此非保護政策而何？

歐戰以前，英之稅則，爲單一制，殖民地與外國之貨物，課同一之稅。至一九一九年，英國商部頒布「特惠關稅章程」，最近又見重訂。對於領土而來之製造品與天產物，可受特惠之優待，或免稅，或減稅，視貨物之種類而定。凡在「工業保障法」下課稅之貨物，若爲殖民地保護地所製造者，皆一律免稅。是英國已棄自由貿易主義，而採帝國特惠主義矣。

抑所謂自由貿易主義者，一切放任，不特外來之進口貨不加阻止；即國內之工業，亦不加干涉。英國不特於對外貿易，不能純取舊日之方針；即對於國內之工業，亦不得不設法保護。茲述其保護國內工業之政策如左：

一 便利貿易法 其制，凡在英國市場所起之債，如其用途，爲購買英貨，而足以扶助英之工業，使工人失業減少者，英政府可擔保還本付息。

二 輸出信用制度 自一九一九年九月起，英國商部中特設輸出信用部。凡向歐戰後殘破或新起諸邦輸出之英貨，商部可於某種條件之下，對其（1）物價，（2）運費，（3）保險費，（4）應納於輸出信用部費用之總數，先予以八成之墊款。

三 糖業補助金 凡用英帝國內所產甜菜，在英國製成精糖或蜜者，由一九二四年十月起，十年內，可得補助金。

英國戰後之環境，迥非昔比。最近煤潮甚烈，棉業不振，其他工業，亦無起色。時勢所趨，傾向於保護主義，將較前益甚，亦意中事耳。

第九章 德國之商業上

中央政府，有過於強硬，而不利於商業之發達者，法國是已；有過於衰弱，亦不利於商業之發達者，德意志是已。法國之歷史，已述之於前；茲請述德意志之歷史。

第一節　最初城市商業之發達

約當一五〇〇年之時，德意志政治上經濟上之發達，二者適成反對之情狀。由政治上而言之，國內分裂為數百之小邦，幾無所謂中央之政府。不特不統一，而互相軋轢；不特邦與邦之間互相軋轢，而各階級間，——鄉民，市民（burghers），武士（knights），諸侯，——又互相軋轢。德意志人之最好精神，虛耗之於內訌。其他歐洲諸國之運會較勝者，作長足之進步；而德意志則瞠乎其後，亦可為長太息矣！

若夫經濟上之發達，與政治上之發達，成反比例。以中央無權力之故，而政治區域與社會階級之中，有因不受束縛而發達甚速者。十五世紀之農業社會，前乎此為田奴，後乎此又降為田奴者；惟在此則獨享受自由，而生計尚稱舒裕。至於城市之區域，較之其他意大利以北諸城市，既富且庶。不特製造開礦，大有進步；即銀行業商業，亦發達甚速。南德意志之法蘇（Fuggers）家，與威爾柔（Welsers）家，以大企業家大理財家著名於時；其營業範圍之廣徧全歐，而由此所獲之利甚多。蓋德意志之商人，爲亞爾魄士山（Alps）以北最冒險進取之商人。自威尼斯所得之東方商品，分配之於其他大陸諸國。歐洲西部與北部東部間之貿易，全爲彼所壟斷。漢撒同盟商業之發達，前已言之矣；然則後日德意志之商業，何故而衰敗乎？漢撒同盟之衰敗爲之也。

第二節　城市商業之衰敗及其原因

漢撒同盟之商業，以波爾的海爲根據地。欲知漢撒同盟衰敗之原因，當先討論波爾的海商業之情形。約當一五〇〇年之時，波爾的海之商業，以意外之事變而大遭損失。蠟者，禱告時所用燭之原料也，魚者，舊教徒齋戒期內之所餐食者也；乃以宗教之革新，而此等之需要，爲之減少。且以其時法人善於摹倣意大利衣服之式樣，而裘皮（furs）之需要，爲之減少。凡此事變，波爾的海之商業，因之而受損失；但並不因之而斷喪。據事實調查之所得，且有增而無已。日用必需品，如穀類，肉類，木材，造船材料等，皆在波爾的海商業之掌握中；即奢侈品之貿易停止，亦不妨也。是以漢撒同盟衰敗之原因，非由於波爾的海商品變更之故，不得不歸咎其內部組織之不善。

漢撤同盟無團體，其中城市，有以距離之睽隔，利害之牴觸，不能和衷共濟，而收最大之效果。且同盟之城市，其能力固足與他城市相競爭；然不足與強有力之國家相抗衡。北歐西歐之國家，自內部統一之後，勢力膨脹，爲德意志城市之勁敵矣。同盟之內，不能和睦，而互相爭論。盧卑格(Lubeck)處於同盟區域之中部，所要求之權利，與處在同盟區域兩旁(一在萊因河之下流，一在普魯士)之城市相衝突。同盟之外，有在尼柔蘭西部之城市，若安姆斯透達姆(Amsterdam)，鹿特丹(Rotterdam)勃興，而與之競爭。

同盟之衰敗，蓋肇端於一五三五年。當彼之時，丹麥瑞典始敢開放波爾的海，使各國之商船，皆得航入。由是波爾的海之商務，不復爲漢撤同盟所壟斷。不特國外市場爲他國所攫奪，卽國內市場亦爲英商所充塞。雖漢撤同盟反對，不特無效，而其會員之在英國者，反爲英政府所逐。同盟之衰敗如此，而尙爲同盟之分子者，僅盧卑格，不來梅(Bremen)，翰堡(Hamburg)三城市而已。

北德意志之城市，既失其商業之根據地；而南德意志之城市，亦以印度航路發現之故，而失其商業之大半。雖竭力經營，欲維持其舊日之商業，而與意大利通商；但所得者，不復爲東方之商品，僅意大利之商品而已。然即此商品，亦大都爲意大利人自己所經營。意大利人充溢南德意志，而屏斥本地商人於營業之外。

雖然，德意志人即在新地發現之後，亦非全無預備以應時變者。觀夫商人之移居西班牙，葡萄牙經營商業者，實繁有徒；而大理財家，亦一時染指新世界之商業。是爲德意志人冒險進取，可以有爲之明證。

德意志商業衰敗之主因，人皆歸咎於地理上之缺點。以爲自大洋航路發現之後，中歐之國家，距離洋海較遠，商業不免爲之向隅；而不知以千英里爲單位之航路，僅數百英里之差，實無大區別。安姆斯透達姆（Amsterdam）翰堡（Hamburg）同爲北海（North Sea）之海港，何以一則振興如此之速，一則傾頹如此之速哉？然則即有地理上之區別，亦無關重要可知。當時德意志之商人，其所具流動之資本經商之才能，與夫奮發有爲之精神，較之任何國家之商人，殆有過之而無不及。是以德意志商業之衰敗，非由於地理上之故，亦非由於經濟上之故，政治上之缺點爲之也。德意志人所納之稅，所借於政府之債，並不集成爲一大款項，而爲中央政府所得，以爲建設事業之用；但爲各邦所得用之於軍費，互相攻擊，而商業乃大受其害。

第三節　外人之商業侵略

德意志衰弱，適足使強鄰得攘奪其邊疆；在此邊疆之內，得建設與德意志商業利益相反對之政策。所有大河之河口，爲貨物天然之出路者，曾幾何時，而一一歸入於外人之手。萊茵河之河口，爲荷蘭人之勢力範圍；威悉河（Weser）阿得河（Oder）爲瑞典人之勢力範圍；易北河（Elbe），爲丹麥人之勢力範圍；維斯多拉河（Vistula）爲波蘭人之勢力範圍。此等河流之河口，有通過稅之課征，以阻止德貨之出口；抑若德意志之邊疆，有天然之障礙，使之不能達海邊者。如是而德意志之商船，幾絕跡於海上，亦何足怪？

荷蘭既脫離西班牙而獨立，而德意志之商業，益不能振。荷安脫呼潑（Antwerp）繼續而爲大陸之商業中心點，則德意志人可與之爲自由之貿易，而與立士本爲間接之貿易。自安姆斯透達姆（Amsterdam）代安脫胡潑而興，而德意志之利益，乃受莫大之攻擊。蓋荷蘭人之思想，與比利時人之思想不同。彼欲壟斷所有之貿易，而使他國人處於商業上附屬之地位。增加萊茵河下流之通過稅，至六倍之多。由是而萊茵河下流之商業，遠達至美姆河 (Main) 之富蘭克福脫 (Frankfort)者，亦歸入其掌握中。

不特邊疆有通過稅與外界隔絕，卽在各城市各區域間，亦有通過稅，而內部分離。自三十年戰爭 ('Thirty Years' War) (一六一八年——至一六四八年) 而後，情形更不堪問：天然之交通途徑，荒廢而不修；通過稅增加至五倍之多。一言以蔽之曰：三十年戰爭之所毀損者，非一二百年之恢復不爲功。

第四節　十八世紀之概狀

十八世紀之德意志，以大概而言，無大進步；然亦非無一二進步之足述者？其在內地，美姆河之富蘭克福脫，與拉比錫 (Leipzig) 二城市所建設之商業，不特爲貨物之買賣，並爲匯票 (bills of exchange)，貨幣 (currency)，商業借款 (commercial loans) 之交易，駸駸乎爲銀行業之中心點。其在北海海濱，翰堡不來梅二城市，乘北美獨立與歐洲戰爭之機會，爲中立國之貿易；其航海業之擴張，駕荷蘭人而上之。

雖然，以前所述種種不幸之歷史，亦非德意志之全部皆然者。而其中有一國，號稱歐洲之雄邦者，曰普魯士是已。普魯士在德意志之東北，積累世君主之勵精圖治，後日竟能統一德意志。然即在一八〇〇年之時，版圖散漫，而非團結爲一體；而且其中爲有德意志最枯瘠之地。且霍亨沙倫(Hohenzollern)王朝之政策，以建設強有力之政府，而統一德意志爲主，振興工商業之利益爲輔。故普魯士之勃興，多屬政治上之關係，而商業上之關係絕少。

第十章　德國之商業 下

歐戰以前，有二國家商業發達之迅速，足以驚人者，德美是已。美國商業之發達，多由於物產之豐富；德國商業發達之原因則不同。今日德意志之版圖，與一八〇〇年時無大懸殊，天賦之資財不厚；且在一八七一年之前，尚不成爲國家，國內分裂爲無數之小邦，戰爭頻仍，經濟之發達，大受窒礙。是以德國商業之進步，全賴政治之改良。

由斯言之，本時期內德意志商業之發達，與政治有密切之關係。故欲知商業發達之情形，當先述政治情形之大概。

以拿破崙戰爭(Napoleonic Wars)之結果，而德意志最退步之小邦，爲之掃除。由三百以上之諸侯，減少而爲四十。由一八四八年普奧戰爭，而普執德意志之牛耳；由一八七〇年普法戰爭，而普統一德意志。此政治史之大概也。茲請述其商業史。

第一節 統一前之商業

德意志之幅員，約等於我國四川之一省。雖在拿破崙時代，列邦之版圖擴大；然在一八一五年時，仍分裂爲許多小國。通過稅不特在國境有之，即在國內亦有之。相傳一商人欲自德意志之邊疆，至德意志之中部，須經過十六處之國境；僅普魯士一國，通過稅約有六十處之多。如此分離之情形，幾乎在在皆是。全德意志之郵政，有不同之制度者十六，貨幣有幾百種云。

國內貿易之困難如此，故商業視爲無甚重要。大多數之人民，從事於農業。日用必需品，幾皆爲自己所供給，而無待於外求。手工組合，仍爲政府所維持。製造之方法，與數世紀前相同；即紡織業採礦術，亦照舊法而舉行。機器之應用甚少，幾不知蒸汽機爲何物。

至於商業在十九世紀初期之情形，不可得知。惟一八四二年之外國貿易，約不過爲一九〇〇年時十分之一，則在一八四二年以前之外國貿易更小可知。出口之物品，大都爲原料與食物，羊毛之大部亦運售於英國。則德意志之爲農業國，而非爲工業國者可知。

國內經濟情形之衰敗如此。一八一五年後，商人製造家，竭力鼓吹，謂革新之必不容緩。德意志之如何革新，無暇詳述；其最關重要者，則各邦聯合組成關稅同盟(Customs Union)是已。同盟之邊境，有共同之關稅；同盟之境內，則貿易自由，是爲關稅同盟之主旨。如此潮流之進行，初甚緩慢，繼極迅速。至一八二八年，而有三同盟之成立，一在北部，爲普魯士及他邦所組織；一在南部，爲巴威拉 (Bavaria) 與威敦巴 (Wurtemburg) 所組織；一爲自中部德意志至海岸之邦國所組織。自有同盟之後，無一邦願立於局外者。至一八三四年，由此過渡時代之局面，而結成一大同盟，其所包括之土地與人口，約占後日德意志帝國三分之二。

德意志境內之行貿易自由，初非不受製造家之反對，恐遭同業之競爭也。雖以情形之變更，因之失業改業者，不乏其人；但多數之製造家，則見市場擴大營業推廣，外國製造品之進口減少，原料半製品 (half manufactured materials) 之進口增加。

一八三四年關稅同盟所定之關稅，以普魯士一八一八年之關稅爲標準，較同時代多數歐洲國家之關稅更簡單而少限制。然以嗣後物價低落，而向之稅率認爲中和者，今則爲保護或禁止(prohibitory)矣。

吾人所當注意者，德國自由政治之潮流，與自由貿易之潮流，有連帶之關係；而以一八四八年至一八六六年普奧爭爲首領之時爲尤甚。奧之所以不入關稅同盟者，不願犧牲而減低稅率，亦爲原因之一；普則甚願減低稅率，以屏斥奧之勢力於德意志之外。故自由貿易黨佔優勝，而與法及他國所結之條約，大偏於自由貿易之傾嚮。

第二節　統一後之商業

普法戰爭之賠款，用以擴張製造。未幾遭大恐慌，故製造家以爲非受國家之保護，則彼不能獲利；而農業社會亦附和之，蓋彼受俄羅斯、美洲、印度所產穀物之競爭故也。俾士麥乘時機之已熟，乃實行其保護主義，而有一八七九年之關稅。製造品農產品，皆受保護。雖此關稅，復有變更；然爲以後關稅之標準。

有一問題，尙須研究者，卽德意志之統一，與經濟之發達，有何關係是已。一八七一年前之德意志非無進步，然甚緩慢。觀夫一八六二年之時，人民八分之五，仍從事於農業或其他之原始產業(extractive industries)，是爲明證。至於一八七一年之後，其進步殆不可以道里計。普法戰爭所得利益，若阿爾薩斯(Alsace)羅蘭(Lorraine)等富地之割讓，五十億佛郎之賠款收入，不可謂不大；然此猶其小焉者也。帝國統一，人民之心力，得專事於工商業之發達，是爲近今德意志進步之最大原因。

自一八七一年至一九一〇年，人口增加，幾至二千四百萬(約自四千一百萬增加至六千五百萬)，不可謂不速；而外國貿易之增加，則遠過之。自一八七二年至一九一二年之四十年間，進口貨之增加，爲百分之二百零八；出口貨之增加，爲百分之二百六十二；進出口貨合計，增加百分之一百九十九。同時而英國之進口貨，合計增加百分之八十六，法國增加百分之九十一，美國則增加至百分之二百三十六。德國貿易進步之速，尙不及美國者，以物產之豐富，版圖之廣大，遠不及美國耳；然較之英法，則殆有蒸蒸日上之勢。

五十年以前出口貨幾爲食物與原料，歐戰前則大都爲製造品矣。進口貨中，製造品約佔五分之一；而主要之種類，反爲食物與原料，適與舊日之情形相反。工商業進步所以如此之速者，推其原因，可得言之如左：

一　煤鐵之豐富　煤爲供給機器動力之原料。歐戰前，德產煤甚富，在歐洲諸國中，僅次於英而已。鐵也，鋼也，爲現代工業最重要之原料。一八六六年德所產之鐵，不過爲世界產額二十七分之一；至十九世紀之末，增加而爲世界產額六分之一，進步之速，僅次於美而已。鋼之產額，超過英國，僅次於美而已。

二　人民之品性　德之勝利，尤在人民品性之優美。一八七一年以前，國家貧乏，生活程度甚低，故人民養成儉樸之習慣；且以謀生不易，人民習於勞苦勤儉，故爲現代生產組織中最善良之工人。德國首採强迫教育之制度，使一般之人民，不獨能讀能寫能算，且有普通之智識。一八六六年普奧之役，一八七〇年普法之役，所以能戰勝勁敵者，小學校生徒之功爲多；一八七一年後所以能戰勝工業之勁敵者，亦以小學校生徒之功爲多。

三　工業教育之完美　德國不特注重普通教育，亦注重專門教育。工業教育之發達，爲歐洲冠。製造之器具方法及組織，固較他國優勝；而學校之多，使人民之大部分，皆得受專門之職業教育，故成效昭著，擅長之出產品甚多。製造之新方法或新機器，首先爲外國所發明者，德人善能採用之而改良之。黑色不退之安尼林染色素 (aniline dye)，能使金還元 (reduction) 之錆化鉀 (potassium cyanide)，製鋼之「鹽基方法」(basic process)，皆爲英人所發明；顧改良之而使之得商業之成功者，則德人也。

雖然，苟德人工業之進步，只限於模倣他國之發明物，則其在世界所佔工業上之位置，必不能如今日之大。今世機械之進步，科學之功爲多；而人之克勝天然，與日俱增，有賴於化學，電學，生物學之力爲多。此等科學之學理，與其實際之應用，爲人類之所發現者尚少，而有待乎發現者正多。德人以高等工藝教育之完備，高等試驗所 (laboratories) 之繁多，其有補於應用科學之進步，製造之發明者，誠非淺鮮。

四　商業組織之能力　世界之市場，已爲英商或法商所佔據者，德商欲得立足之地甚難。故願造小量之定貨 (order)，以供給特別或本地之需要。雖或因此而須製成新模樣 (pattern) 或新機器，即報酬不豐，彼亦不憚煩而爲之。德人之製造品，其設法能使之適宜於特種地方之需要者，恐非他人所能及。對於顧客之嗜好，習慣，迷信，及所處之氣候，無不計劃周到。彼請川事之人民，願得暫時華美之衣服，不願得品質堅固之材料者，爲廉價之貨物以供給之。

然德人所以知外人之需要與貿易之習慣者，皆以其外國旅行商 (commercial travellers) 有相當之訓練。其尤甚者，彼等能操本地之語言，是以熟悉本地之情形。相傳外國人中，惟德人能知俄羅斯商業之狀況云。彼等復在東歐、亞洲、南美等處，調查商人之經濟狀況，故貨物之銷售，即付款之期延長，亦無失賬之患。輸出商不以普通之仿單爲已足，或派代表員，直接銷貨於外人，或印顧客本地之文字，使發生廣告之真正效力。德商所傳播外國之仿單，印有英、法、俄、西、葡、土、中、日等文。

五　其他商業之政策　以商品之陳列，而推廣貨物之消售者，恐他國無如此之甚。銀行以金錢之勢力而扶助外國貿易之發達。政府以政治之勢力而扶助外國貿易之發達。雖領事制度之成功，不及美國；顧爲國家服務之專家（special experts），爲商人之翼助者，殆無所不至。然更重要者，交通制度之發達是已。歐洲中除俄國外，可航行河流之廣大，莫過於德國；而又有完美之運河制度，以補河流之所不及。鐵路運輸之便利，爲國有鐵路之冠。航運業以人民之經營，政府之補助，而發達之迅速，足以驚人；即遠方之航運業，亦歸入彼之掌握中。歐戰以前，世界最大之二輪船公司，爲德人所設立。

第三節　戰後之商業

上之所述，爲德國商業在歐戰前之狀況；至歐戰後而頓形衰落，觀下表即知之矣。

	一九一三年			一九二二年		
	總數	德來部分數	百分比例數	總數	德來部分數	百分比例數
進口貨——						

比利時(佛郎)	5,049.9	761.8	15.08	9,098.0	1,213.8	13.34
法蘭西(佛郎)	8,421.2	1,674.3	12.76	23,900.6	1,299.0	5.44
意大利(利爾 Lir)	3,645.6	613.6	16.81	15,728.3	1,258.8	8.00
英　　(鎊)	768.7	80.4	10.46	1,003.1	26.5	2.64
美　　(金元)	1,793.0	184.2	10.21	3,112.5	117.5	3.77
出口貨	總數	往德部分數	百分比例數	總數	往德部分數	百分比例數
比利時	3,715.8	940.4	25.31	6,083.1	850.0	13.97
法蘭西	6,880.2	869.5	12.64	20,462.0	1,761.8	8.53
意大利	2,511.6	343.4	12.67	9,292.8	968.9	10.43
英	634.8	60.5	9.53	823.2	49.1	5.96
美	2,484.3	351.9	14.17	3,831.9	316.1	8.25

歐戰後，德國商業衰落之原因，可分括言之如下：

一　物質上之損失　以凡爾賽和約之結果，德國人口，約失百分之十，農地約失百分之十七。以羅蘭(Lorraine)與上西列西亞(Upper Silesia)之割讓，而鐵礦失四分之三，鋅礦失三分之二。一九一三年，生鐵之出口者較進口多六〇〇、〇〇〇噸；一九二二年進口者較出口約多一四〇、〇〇〇噸。一九一三年鐵之半製品出口者較進口多六九〇、〇〇〇噸；一九二二年，進口者較出口多二二〇、〇〇〇噸。

二　人工之減少　雖然，德國損失之最大者，莫過於人工之減少。壯男之死於戰爭者數百萬。自一九一九年後，中等社會以紙馬克之跌價，無立足之地，而不能爲社會用。德國之工人，本以精於技藝著名者，今則以急於謀生而無暇練習。德國生產所以減少多於三分之一者，精巧人工之減少，亦一大原因也。

一九一八年之革命，工人得有極大之勢力。以一九一九年之憲法，而工人得有種種權利之擔保；每日作工八小時，此即權利之一也。德之工人，所以勝於他國之工人者，本由於作工時間之較長；自有八小時制度後，而生產因之減少者，不知幾何？

三　教育之衰敗　一九一一年孩童之求學者，共一〇、三〇九、九四九人；至一九二三年，減少至八、八九八、三二〇人。大學學生雖增加；惜教師減少，教科書與有關於科學之出版物，以紙印刷費之昂貴，大爲減少。

四　外人佔據之影響　萊茵河區域（Rhineland）面積三〇、〇〇〇方啓羅米突（square kilometers），人口六、〇〇〇、〇〇〇有餘。照凡爾賽條約，爲協約國所當佔據者，自五年至十五年之久。魯爾區域（Rhur District）面積約三一、〇〇〇方啓羅米突，人口約四、〇〇〇、〇〇〇。一九二三年一月後，爲法人所佔據（因德不能如期支付賠款）。二區域爲德國工業之中心點，在外人勢力之下，而不能發達其資產。

五　船舶之欠缺　德自停戰之後，海外商業所以驟落，工廠製造所以減少者，船舶之欠缺，亦一原因也。一九一四年之中期，往外洋之商船，[illegible]、〇九〇艘，噸之總量，登錄者爲五、一三四、七二〇噸；一九二三年八月，減少至一、七四五艘，噸之總量，登錄者，爲二、五〇九、七六八噸。換言之，今日船舶之噸數，不過爲歐戰前百分之五一・一而已。

六　賠款之浩大　爲德國之重累，而使資本日就減少者，則賠款之浩大是已。賠款總額，爲一三二、〇〇〇、〇〇〇、〇〇〇，又須爲比利時償還所欠協約國之債務五、六二四、〇〇〇、〇〇〇金馬克，共計爲一三七、六二四、〇〇〇、〇〇〇金馬克。自法人佔據魯爾區域之後，德國作消極抵制之方法，而停付賠款；然以積欠與利息之故，即已作支付而負債較原定賠款之數更大。

七　馬克之跌價　紙馬克以濫發而價格日落。至一九二三年之下半年，紙馬克之價格，跌至如此之程度，而與外國貿易，幾無價值之可言。賠款既如此之浩大，而所定之支付額，出乎德人財力之外。雖一九二一年度中，曾按約履行；然結果則馬克暴落不已，終難履行。乃更要求緩付，英則有允許之意；而法比不以爲然，取單獨行動。一九二三年一月，侵入魯爾區域，德國取消極抵抗之態度；但以經濟中樞，大受打擊，而支付之能力益薄弱。後以美國出而調停，派道威斯(Dawes)爲委員，審查德國之富源與支付之能力，於是有道威斯計畫。

道威斯計畫，以德國經濟恢復之根本要件，在

（一）貨幣之穩定　爲謀貨幣之穩定與統一起見，擬設立資本四〇〇、〇〇〇、〇〇〇金馬克之

（a）新發行銀行，以代舊日之國家銀行（Reichsbank）。

（b）新銀行對於政府墊款，應加限制，並使絕對不受政府之干涉。

（c）以金馬克或與金馬克相當之德國貨幣存入新發行銀行「賠款賬下」。在不使匯兌行市發生重大變化之程度內，購入外國匯票，匯送協約國，作賠款之支付。如支付之數，須超過此程度以外，則以二十萬之金馬克爲限，得存放新發行銀行。如更超過此數，則以其超過之部分，投資於德國之證券，使金馬克之匯兌市價，不發生重大之變更。

（二）賠款支付額之減輕　然苟每年之賠款支付額，如前之大，則仍出乎德人支付能力之外；而上述之計畫，將歸於無效，貨幣不能安定，經濟無由恢復。故由一九二四——五年度至一九二八——九年度之間，減輕其支付額。前數年更輕，而逐年增加。在一九二八——九年度，德國經

濟，常復常態。嗣後以此年度支付之數，作爲基本數，照經濟恢復之程度而酌量增付。

（三）　支付之財源　賠欵之應付，由德國鐵路擔任百分之三十六又一分之十分之四；其他各種工業，擔任百分之十三又一分之十分之六；德國政府擔任百分之五十。而第一第二兩年支付之賠欵，國庫不納分文。第一年度支付之賠欵，爲一、〇〇〇、〇〇〇、〇〇〇金馬克，出於鐵路債欵者十分之二，其餘十分之八，由募集外債八〇〇、〇〇〇、〇〇〇金馬克而得之。

要而言之，苟貨幣穩定，魯爾主權恢復，賠欵支付額減輕，則政府預算即可保持均衡，而貨幣充斥之弊自除；經濟之狀況平靜以後，則賠欵即可照付，此爲道威斯計劃之本旨。雖其最後之結果，尙不可知，但執行未久，而成績燦然可觀。以言乎度支，則不惟出入相敷，且入多於出；以言乎金融，則新馬克之價値，已趨穩定。至於賠欵之收入，亦超過預算。同時法比兩國，撤回魯爾駐兵，其他外國軍隊，亦次第離境。因此德國在國際上信用日增；而國內工業進步，出產增加，商業亦重整旗鼓，起而與世界列強競爭，可斷言也。

第十一章　美國之商業上

第一節　一七八九年前後之商業

今日之美國，其面積，人口，財產，工商業組織之能力，與夫國內外之貿易，皆在世界最大國家之列。然當一七九〇年之時，則離此甚遠：人口遠不及四百萬，遠在歐洲大國下；所佔之面積，僅爲大西洋海岸之狹長條地；人民貧苦，工業粗劣，物品稀少，不足供給國內之需要，而又無相當發達之資產，以與歐洲相交換；且以政治上軍事上之能力薄弱，與海外貿易，視爲外國優待之恩惠，而不得視爲國際上應享之權利。美國今昔商業之情形不同如此。吾人所欲述之商業史，卽所以說明此不同之原因也。

一七八九年之前後，爲十二州殖民時代之末期，而爲美國之開幕。其時之商業狀況，首當受吾人之注意。

出口貨旣爲一國擅長之商品，而爲進口貨之交換物。故今敍述美國之商業，仍照前數章之舊例，先討論其出口貨之狀況，而後解剖其進口貨之性質。

美國一七九〇年之出口貨(以百萬金元爲單位)

北方出品：——	麥粉	4.5
	小麥	1.3
	木材	1.2
	玉蜀黍	1.0
	魚	.9
	苛性鉀	.8
南方出品 ——	煙草	4.3
	米	1.7
	靛青	.5

總數（所省略之小數包括在內）	16.6
出口貨總數（所省略之項數包括在內）	20.2

此表之一特質，即美國之出口貨，自此時以至於今，種類少而數量多。前列九項，已佔出口貨總值四分之三以上，而麥物與煙草二項，已佔總值二分之一以上。

美國此時所產之物，幾全爲原料。蓋當時人口十分之九，從事於農業。自開國時直至一八〇年，前後二十一總統，其中之十五，或爲農夫，否則亦爲農夫之子云。

此出口貨之概狀也。茲請述其進口貨，惜乎一七九〇年時可得進口貨之統計，不能如上所述出口貨統計之精詳；無已，則以一七九一年時之統計爲之代。

美國一七九一年之進口貨（以百萬金元爲本位）

付從價稅之物品	17.0
葡萄酒酒精及麥酒	2.6
熱帶之商品——糖	1.6

糖汁	1.4
咖啡	.5
茶	.3
共計熱帶之商品(包括其餘之小項)	4.0
進口貨總數(包括其餘省略之小項)	25.0

由上表觀之，進口貨之大部分爲奢侈品，而非爲必需品。美國今日之進口貨，除熱帶之商品外，製造品與原料之二種，佔其餘進口貨之大部分。惟在此時，原料仍不重要，而進口貨之大部分，爲完成之製造品。

美國之進出口貨，有一種之比較，自此時以至於今，出口貨爲主要之物品，種類甚少；反之，進口貨爲零碎之物品，種類甚多。

美國在一七八九年進出口貨之概狀如此，請言其時國內外貿易之概狀。夫美國今日之國內貿易，遠過於國外貿易；但在一七八九年時，國內貿易之稀少，出吾人意料之外。試述當時國內貿易之概狀，讀者庶知美國在十九二十兩世紀商業進步之速也。

一七八九年時國內貿易之不發達原因甚多；最重要之原因，則爲道路之惡劣。當時交通之方法惟道路，而當時之道路仍爲殖民時代之泥路：夏則灰塵飛揚，春冬則以雪之溶解，泥濘不堪。鮮用馬車。交通之不便如此，故運費甚貴；惟必需品如鹽鐵等，可爲商品而已。

村鎭之雜貨店（grocery stores），爲商業極重要之機關。當時惟最大之城市，始有銷售特種貨物之商店；而尋常之村鎭，則惟有銷售各種貨物之雜貨店。雜貨店之職務，爲進出口貨之媒介，收集鄉民所有剩餘之物產，而以外國貨與之交換。所銷售之貨物，爲各種之進口貨；所收集之貨物，爲各種之出口貨，與夫運至大城市或外州之物產。雖在一七八九年，殖民時代早已過去；但以物易物之制，則仍舊貫，商業之行爲用貨幣爲媒介者甚鮮。

美人當殖民時代及建國之初，與西印度羣島（在美之南）商業之關係甚密切。南方主要之出品，若煙草等，固易銷售於歐洲，而爲所購製造品之交換物；若夫北方之主要出品，若食物，魚等，不能得如此之優待。其時英與其他歐洲國家，仍抱舊日重商主義之政策：保護農業，使得國內市場銷售；獎勵漁業，使爲海軍之補助。在殖民時代中部北部之大宗出品，以課稅之重，見屏於英國，及其他歐洲國家之外。移民見自母國輸入之製造品，無法支付，故不得不俯就而賴本地之粗製品以滿足慾望。

雖然，美之貨物，爲歐洲所屏斥者，大受西印度羣島之歡迎。當時羣島爲世界糖之大出產地。糖之出產，以奴役 (slave labor) 爲之，而獲利甚大。故從事此業者，竭力製糖，即工人必需之食物，亦無暇耕種。自美洲大陸得小麥，麵粉，玉蜀黍，肉類，魚等，又得木材，爲造屋造桶之用；而以糖及糖汁 (rum) 爲直接之交換物；或以由售糖所得出自歐洲之滙票，爲間接之支付。美人由此而得之糖及糖汁，或爲己用，或以糖汁製酒，而以一部分出口。就大概言之，美洲大陸所得之於羣島者，不及進往之多，尚有餘款，以支付歐洲製造品之用；故成爲三角式之貿易 (triangular trade)：美洲大陸，以食物木材運銷之於西印度羣島；羣島以糖運銷之於歐洲；歐洲以製造品運銷之於美洲大陸：如是而三方面來往之賬款，適相抵銷。

又有一事，爲吾人所當注意者，即美國在一七八九年之時，造船與航船，亦爲進款之一種是已。

最初之時，殖民地所用之船，仰給於母國；但美洲富於造船之材料，而英國之航海條例，待遇殖民地之船舶與母國之船舶，處於同等之地位，受特別之保護，是以造船業因之勃興。

第二節　一七九〇年至一八一五年間之商業

上之所述，爲美國在一七八九年前後之商業情形。茲請言一七九〇年與一八一五年間商業之情形，而列一出口貨表如左：

美國一七九〇年至一八一七年之出口貨表

（以百萬金元爲單位每年以九月三十日爲終日）

	土產	外產	合計		土產	外產	合計
1790			20.4	1804	41.4	36.2	77.6
1791			19.0	1805	42.3	53.1	95.5
1792			20.7	1806	41.2	60.2	101.5

1793			26.1	1807	48.6	59.6	108.3
1794			33.0	1808	9.4	12.9	22.4
1795			47.9	1809	31.4	20.7	52.2
1796	40.7	26.3	67.0	1810	42.3	24.3	66.7
1797	29.8	27.0	56.8	1811	45.2	16.0	61.3
1798	28.5	33.0	61.5	1812	30.0	8.4	38.5
1799	33.1	45.5	78.6	1813	25.0	2.8	27.8
1800	31.8	39.1	70.9	1814	6.7	0.1	6.9
1801	47.4	46.6	94.1	1815	45.9	6.5	52.5
1802	36.7	35.7	72.4	1816	64.7	17.1	81.9
1803	42.2	13.5	55.8	1817	68.3	19.3	87.6

上表有土產出口貨 (domestic exports) 與外產出口貨 (foreign exports) 之區別。土產出口貨者，出口貨之產於國內者也。外產出口貨者出口貨之來自外國而再輸出者也。當此時期，進口貨之價值，不可得知；然大致與出口貨之價值，不甚懸殊。

讀者試觀上表「合計」一項，則本時期內對外貿易之變遷無定，顯然易見。最初之數年出口貨之數目，幾無變更。至一七九三年，忽然大增。一八〇一年後之數年，又形減少，漸忽大增至一八〇六年一八〇七年，達最高點。試以此時之出口貨，與一七九二年之出口貨相較，十五年間，增加至五倍之多；但至一八〇八年而暴落，後又稍稍恢復；至一八一四年忽達最低點；在本時期之末，似又呈樂觀之現象矣。

本時期內，對外貿易之變遷，無定如此，其故可由土產出口貨與外產出口貨二項之比較數而知之。外產出口貨之數目，最初之數年，不可得知；所可知者，一七九〇年之時，約遠在一百萬之下。由此可知一七九六年以前，擴張甚大。而細觀上表，一七九六年以後，擴張亦大；但至一八一四年，價值幾等於零。至於土產出口貨之情形，適相反。最初之數年，增加亦大；然不久即近於停止之狀態，而徘徊於四千萬金元價值之左右。一言以蔽之，土產出口貨之變遷，遠不如外產出口貨之大而已。

外國貿易如此複雜之情形，大都以國外之事實爲主動力。當時國內之資產，尚未發達，不足左右商業之大勢。雖自一七九三年軋棉機(cotton gin)發明以來，棉花之輸出者日多；至一八〇〇年，佔南方出口貨第一之位置。顧棉花爲出口貨之大王(king among exports)者，尚在下一時期，而非在本時期。

吾人又當知者，美自獨立後，政府尚屬幼稚，在國際上之地位，勢力薄弱，不能完全保護其海外之商業；且當時之歐洲國家，仍抱守其舊日之重商主義，以屏斥外國貨爲急務。故美國商業之擴張，既非由於實業之發達，又非由於外交之勝利，乃由於特別之機會。自法國革命後，全歐諸國，幾皆牽入於拿破崙戰爭(Napoleonic Wars)，惟美則爲中立國。故世界之海運業，皆入於其手，而以食物源源輸送於歐洲，此土產出口貨之所由發達也。

雖然，自一八〇一年至一八〇三年，歐洲諸國媾和，出口貨減少。不久戰釁復開，美人又得享前之便利，故一八〇六年與一八〇七年之出口貨價值在千萬金元以上；但拿破崙與英國，皆以爲中立國之商船，足爲敵國之資，大不利於己，故竭力限制其營業，而英國爲尤甚。美政府不能以武力，實行其中立國通商之權利，乃採取和平之政策。一八〇六年，禁止英貨與英國殖民地之貨入口；一八〇七年，禁止美國與外國之船運往外國。由是而美之商業，外受敵人之攻擊，內受政府之限制，非復如前之興盛矣。至一八一二年六月，美對英宣戰，而更形衰落。

當國外貿易發達之時，所需之製造品，大都來自歐洲。今以禁船出港，對英宣戰，而交通中斷，國外貿易減少，國貨因之發達。以機器爲動力之工廠勃興，製造之新法推廣，尤以紡織業之發達爲最著。相傳一八六四年，一麻省（Massachusetts）瓦爾散姆（Waltham）地方之紗廠，在同一廠下，舉行各種製紗之方法，爲世界紗廠之最完備云。

第十二章　美國之商業 下

第一節　一八一五年至一八六〇年間之商業

美國之商業，在本章期內，與前章期內有大不同之一點。卽前期內之商業，其命脈在國外貿易，而國內貿易無甚重要；但最後之結果由國外貿易，而刺激國內貿易之發達。反之，而本章期內之商業，其命脈在國內貿易，而國外貿易無甚重要；但最後之結果，由國內貿易而刺激國外貿易之發達，是已。本時期內一八一五年至一八六〇年間，美國國外貿易發達之遲緩，觀下表（以百萬金元爲單位）卽知之矣。

	進口貨	出口貨	合計
1820	74	69	144
1830	62	71	134
1840	98	123	221
1850	173	144	317

1860	373	333	687

上表之統計，僅能表明商業發達之大概情形。一八一五年之後，約二十年間，國外貿易之價值，並不增加，且反減少至一八九五年，始恢復一八〇七年時之程度。一八六〇年之數目，達最高之限度；但以前之數年，有時亦不過三萬萬而已。

國外貿易發達之遲緩若斯，其原因則與國內外之情形皆有關係。以國外之方面而言之：「拿破崙戰爭」告終，歐洲諸國，又採保護主義，屏斥外來之食物；至一八四六年，英國廢除「穀物條例」後，而美國之食品，始暢銷於海外。此國外之情形與國外貿易之關係也。

以國內之方面而言之：一八一〇年時之人民，大都聚集於東方之大西洋海岸；迨後向西方遷移，至一八六〇年土地擴張，直達太平洋海岸。向者以歐洲為文化之來源，今則注其全力於內部。人口雖增加，而同時國外貿易並不增加。一八〇〇年之國外貿易，每人平均在三十金元以上；至一八〇〇年，不過二十金元強。此國內之情形，與國外貿易之關係也。

人民向西遷移，西方諸州物產雖豐富；然苟交通不便，仍無益於東方，而於國外貿易無補。是以交通問題，隨土地擴張而生。一七八九年之後，不多時而有改良道路之運動。各州私立之公司，建築大道，（貨車通過須納通過稅，）成效卓著。中央政府乃建設穿過阿魄拉欽山（Appalachian）之大道，而東西二部間之障礙以去。如是道路改良之結果，使內地與海岸及河流相連絡，貨物終年可運送，非如前之僅限於雪季（Sleighing Season）矣。雖然，貨車之運費仍甚貴，長距離之交通，不無困難之感。於是道路改良之外，不得不講求其他交通改良之方策。

水運之於國內外貿易，較陸運之關係更大。北美落基山（Rocky Mountains）以東，河湖網羅棊布，交通便利，除南美外，爲世界冠；而米西失必河（Mississippi）尤爲南北交通之樞紐。自汽船推廣後，國內貿易隨之進步；卽國外貿易亦非無間接之關係。因交通便利，南部人民所需之食物製造品等，可取自北部，而得專種出口之農產品（如棉花煙草等）矣。

河流之交通，固足以發達西方之物產；然苟能使星散之河流匯爲一系，互相聯絡，自得更良之結果，於是有運河之開闢。自一八二五年意利湖（Lake Erie）至活得遜河（Hudson River）之運河（經過阿魄拉欽 Appalachian 山脊）開幕，意利湖與阿海阿河（Ohio River）間之運河，米西根湖(Lake Michigan)與米西失必河間之運河（一八四八年），蘇必力湖（Lake Superior)與其他大湖之運河（一八五五）先後告成，運費大減，而西部盛產之種植物，壅塞本地，成爲廢物者，今則可消售於他處矣。

然運河之便利，只能及於地方而不能及於全國，鐵路之發達尚矣。美國鐵路之建築，雖約與英同時；然其效用，不及舊世界遠甚。何也？英及其他歐洲國家城市林立，人煙稠密，故鐵路經過，而運輸之事業興盛。美國東部海岸之情形，殆近於是。若夫其他地方，爲農業區域，戶口稀少，與工商業航運業之中心點，相距數百英里之遙，鐵路經過，可運之貨有限，故運費之貴，遠出運河之上，幾等於大道。是以美之最初鐵路，所載者僅煤與棉花，此外幾無他物，而影響及於商業之發達者甚少。

一八五〇年時，阿魄拉欽山(Appalachian)以西，鐵路甚少。此後十年間，西方之鐵路始擴張，使內地與東方連絡。但美國商務獲鐵路十分之利益者，則在一八六〇年之後。然前乎此而鐵路之影響及於商業，其功已不可沒。雖不能全然代他種交通機關而興；然足以促進他種交通機關之改良，與夫補其所短，間接有造於商業之發達者，誠非淺鮮。

以交通機關之改良而貿易之發達，可由下列一八〇二年至一八〇四年間每年平均之出口貨，與一八六〇年之出口貨（以百萬金元爲單位）兩相比較而知之。

	1802—4	1860
植物性食品	13	27
棉花	6	191
煙草	6	15
動物產	3	20
魚產	2	4
林產	4	13
製造品	2	37
總計(包括省略之小數)	36	307
總計土產出口貨(包括省略之項數)	39	316
總計外產出口貨	28	26

觀上表「外產出口貨」之價值，並不增加；且一八六〇年較一八〇〇年，左右之時反更少。至於「土產出口貨」以全部觀之，增加至百倍之多。以各項觀之，在殖民時代與開國初期最顯著之物產，不得謂與時並進，增加不過一倍。惟製造品與棉花之增加極多，而棉花爲尤甚。一七八九年棉花出口之價值，幾等於無；約在一八〇〇年之時，至一億九千萬金元之多，遠在全國出口貨一半以上。

溯殖民時代之初，已有植棉之試驗。惟以纖維與種子分離之不易，他種農產品獲利較多，故所種者不多；而必需之供給，大都來自亞洲。然當一七八九年之時，以各種之原因，使棉花爲一種經常之農產品。舊日南方農產品之最重者爲煙草；但煙草則以累年之種植，土質吸盡，而出產不豐，報酬不厚。且有自外地引入之棉花新種，曰海島 (Sea-Island) 種，或曰長毛 (Long-staple) 種者，其纖維長而軟，適於細線與細織物之製造；又種子易脫離；但祇能生長于大西洋之沿海岸。

其在內地，海島種不能生長，所產者爲內地 (Upland) 種，或曰短毛 (short staple) 種。內地種之缺點，則以纖維與種子不易脫離，用手分析，每人每日不過能清理棉花一磅。欲免此困難，製造各種簡單之機器，以爲分析之用；但試之於海島種則奏功，試之於內地種則不然，短纖維與種子倚附密切，而分析甚難。然自一七九八年忽脫雅（Whitney）發明軋棉機（cotton-gin）後，而情形大變。每人每日可清理棉花至數百磅之多。由是棉花之出產，爲之大增。向僅沿大西洋諸州，爲棉之主要出產地。自一八一二年後，西南諸州，以土壤之肥沃，河流交通之便利，亦盛產棉。當本時期（一八一五——一八六〇）之末，南部三省阿拉巴麻（Alabama），米西失必（Mississippi），路易西安（Louisiana）之出產，佔世界全產額一半以上。若是乎南部棉花之出產，佔世界全產額之大半，美國出口貨一半以上。其影響全世界之棉業與影響全美國經濟之狀況，不亦大乎哉！

以言乎北部之出口貨，雖屬於漁業森林業者，非無增加；然與出口貨之全部相較，已非重要，不復如前之足爲外國貨之交換品矣。製造品之出品，增加甚速，而以棉花與鐵之製造品最爲重要。然北方出口貨佔第一之位置者，仍爲農產品，與南方同。植物性食品與動物產之出口者，約值五千萬金元，而大部來自北方。運河鐵路發達，而運費大減。二種之物產，始爲歐洲所歡迎。

出口貨之情形如此，請言進口貨。試以一八六〇年之進口貨爲例，而以百萬金元之整數爲單位，則有如下之統計。

進口貨之總數，爲三萬五千三百萬金元。其中最大項，爲製造品。製造品中之首位，爲紡織物；羊毛，絲，棉，麻四種之紡織物，幾佔全進口貨三分之一。其餘多數之製造品，不達五百萬。惟鐵類鋼類各種製造品之一項，有二千一百萬之多，顯爲例外。進口之原料爲國內製造之用者，爲數仍少。熱帶之商品增加，約佔全部進口貨五分之一。

由此觀之，美國進口貨之性質，自開國以來七十年間，並未大變。其故因肥沃之土地，如此之多，棉花與食物品之需要，如此之急，人民仍以從事於農業，而製造品仰給於外國爲得計。保護關稅之政策，雖成立於本時期，然工業之發達，尚未足以供給國內之市場，故進口之原料仍少。但熱帶商品進口增加，奢侈品之消費增加，而爲經濟狀況優美之明徵。

製造品之進口，固大增加；然謂一八六〇年之美國，全賴外國製造品以供給需要，有如一七九〇年者，則大不可。夫戶口繁殖，財富增進，自足激勵工業之發達，況政府重稅外國貨以保護之乎？

美國工業之最奏成效者，棉織物是已。以機器之改良，與夫原料之豐富，不久而無關稅之保護，已足以自立。新英倫 (New England) 之紗，暢銷於南美，及其他之外國市場，如此，是以英之製造家，屈從而模倣之；惟棉之粗製品爲美國所擅長，而精製品多來自外國。

在本時期勃興之工業，多建設於北方，南方以奴隸制度之盛行，與夫農業報酬之豐厚，故工業無從發達。

美國最初之關稅，不過稍帶保護之色彩。其時工業之所以立有基礎者，非由於關稅之政策，乃由於「拿破崙戰爭」時英法侵犯美國中立國之商業，歐洲貿易中止，遂刺激國貨之發達。至一八一二年戰爭告終，外貨頓時侵入，幾有重克美國市場之虞，於是不得不設法以抵制之。是以一八一六年之關稅，其用意以限制外貨之進口，而保護國內生產者之利益；但稅率中和，最高之稅率，爲百分之二十。嗣後趨於重稅之傾向，直至一八三〇年，其中之稅率，有達至百分之四五十或更高者。

第二節　一八六〇年至一九一三年間之商業

上之所述，爲美國一八一五年至一八六〇年商業之狀況。茲請述一八六〇年至一九一三年間之狀況，而先列一外國貿易表如左（以百萬金元爲單位。）

	土產出口貨	進口貨	進出口貨總數(包括復出口貨)	出口貨中農產品之百分數	出口貨中製造品之百分數
1860	316.2	353.6	687.2	81.1	12.7
1870	376.6	435.9	828.7	79.3	15.0
1880	823.9	667.9	1,503.6	83.2	12.5
1890	845.2	789.3	1,647.1	74.3	17.8
1900	1,370.7	849.9	2,244.4	60.9	31.6
1905	1,491.7	1,117.5	2,636.1	54.1	35.8
1910	1,710.0	1,556.9	3,301.9	50.9	44.8
1913	2,498.5	1,812.9	4,278.7		48.9

由前表觀之，自一八六〇年至一九一三年外國貿易之進步，甚可驚異。一八八〇年，爲世界第四之輸出國(exporting nation)；至一九一一年，一躍而爲世界第二之輸出國。前此之美國孜孜以發達國內之資產爲急務，所需之資本與製造品，仰給於外人，買入者自較賣出者更多；然如此之情形，至一八七六年而告終。一八七六年以前，出口貨超過進口貨者，惟一八五八、一八六二、一八七四三年而已；反之，一八七六年以後，進口貨超過出口貨者，惟一八八八、一八八九、一八九三三年而已。

又由前表觀之，製造品之比例愈增加，農產品出口之比例愈減少，是爲極重要之變更，而爲國內工業發達之結果。又原料之進口，與夫製造品之出口，同時增加，亦即爲與南北美洲亞洲等非工業國貿易逐漸發達之明證。

外國貿易之膨脹，既如上述，其原因可得而言之如左。

一　鐵路之發達　交通之發達，莫過於鐵路。當一八六〇年之時，北部南部西部，所有鐵路之里數，約各相等，每部約有一萬英里。而西部鐵路之需要尤急，以豐富之農產品，往往因交通不便，不能達到市場而成爲廢物也。一八六〇年之後，鐵路擴張至上米西失必河流域。一八六九年，第一次經過美洲大陸之路線告成。嗣後舊路發展，新路建設，直至一九〇〇年，全國所有鐵路之里數，爲一九三、三四五英里；一九一〇年，爲二三八、六〇九英里。同時以技術之進步，鐵路之合併，管理之得法，而運費大減。一八六〇年運貨之價，每噸每英里在美金二分以下者甚少；至一八八二年，減爲一·二四分（以分爲單位）一八九〇年，減爲·九三分；一九〇〇年，減爲·七三分。向也鐵路只爲搭客及運貴重品之用者，今則卽最尋常之物，亦得而用之矣。所運載之噸數，遠過於其他之交通機關（河湖運河海岸之交通等）故河流運河之運輸業衰敗，而航行外國之商船衰敗爲尤甚。一九〇〇年之時，由美國海港開往外國之船，美國所佔之噸數，不及總數五分之一。原因不一。其最大之原因，則以物產豐富，資本之用於海上者，尚不如用於國內之能獲利云。

二　製造之進步　美國當建國百年之內，爲農業國：其出口貨幾全爲農產品與他種之原始產品；人民之大部分從事於農業。但自南北戰爭後，工業發達甚速；至一九〇〇年，工業品之價值，大於農產品者一倍；一八六〇年，爲世界第四工業國；至一八九四年，一躍而爲第一工業國。一八八九年以前，英國產鐵與鋼，在世界爲最多；至一八九〇年，美國所產多於英國；一九〇九年所產之生鐵，倍於英，所產之鋼四倍於英。美國不特所產之棉花，佔世界產額百分之六十；卽工廠所用之棉花，在一九〇八年較英多三三〇、〇〇〇、〇〇〇磅。一八九九年以前，英爲世界產煤最多之國；一八九九年以後，美爲世界出煤最多之國云。

美國製造進步之速，其原因可得而言之如下：版圖之廣大，農產礦產之豐富，非歐洲國家所能及，苟能善用之，自足爲優勝之資；人民聰明靈便，奮發有爲，長於發明，確爲工商業之國民，而又輔以完備之強迫教育以發達其天能；美國工業之擴張，亦由於交通之便利，前已言之矣；且以內地無通過稅之障礙，國內市場之大，遠在他國上；保護關稅之重，使外國之貨物無從侵入而競爭；是皆爲吾人所當知者也。

三 托拉斯之勢力 自南北戰爭後，美國之工業擴張，而企業之範圍，亦隨之而擴張。舊時代以小資本製造之方法，已不足發達豐富之物產，於是規模宏大經營複雜之公司以起。且也不僅單獨之公司範圍擴大，自十九世紀最後之二十年來，以前獨立之公司，互相幷合，而爲極大之公司，有中央營業機關以爲統馭，所謂托拉斯（Trust）者是也。

雖然，托拉斯必須具備幾種之條件而後發生：如機器與製造之統一（Standardization of machinery and methods），應用簿記制度之成立，電報電話打字機器之設備，鐵路之建築是已。

托拉斯之制度，其結果爲善爲惡，議論紛紜；但以資本之大，製造之多，使美國之工業足與其他輸出國競爭而佔優勝，可斷言也。

四　天然之便利　美國處於新大陸，與舊世界不相聞問，而免戰爭之患；但交通亦仍便利：以本洲而言，介乎加拿大與中美南美之間；以世界而言，介乎亞洲與歐洲之間。以本國之特產與此等地方之特產相交換，生活程度高，半奢侈品若咖啡茶糖等消費日增，以外國人之移入者多，而其對於母國所需要之貨物，自然增加；同時彼等作工所需要之原料或半製造品進口，亦爲之增加。工業擴張，其剩餘之製造品，不得不求新市場，以爲洩泄之所。其結果也，不特文化較劣之國家，爲美貨所侵入，即歐洲之國家亦爲美貨所侵入。

五　他種之事實　歐美國家，以商業立國，而美國爲尤甚。美國初尙以發達國內之資產爲務。近年以來，製造發達，範圍日趨擴大，國內之市場，不足爲其出產品消售之所。乃竭力謀外國貿易之發達，與外國結約，往往以減輕關稅之稅率爲交換，而得優待之條件。領事得文官服役之保障，不隨政潮爲進退，使商人眞得政府之協助。商部工部，對於外國商業之狀況，按時發佈詳細之報告。商會徧全國，全國總商會之會員，爲全國主要工商業之分子，與中央政府各機關協力合作，以擴張商業。國內銀行之發達，與國外銀行之建設，使出口商得有信用之便利。建設商業博物館，以激刺商業之興味。米突制度，已普行於歐洲，美國採用之，其有助製造品之推廣者不少。

最近世界實業之變遷，使美國在國際市場之位置，更佔勢力。例如斐立濱羣島之幷取，西伯利亞鐵道之告成，日本中國之開港通商，巴拿馬運河之開幕，而遠方商業之途徑，日益闢矣。

以上之事實，皆爲美國之商業，在歐戰期內雄飛世界之預備。至於歐戰期內美國商業擴張之情形若何，請言之於第十五章。

第十三章　日本之商業上

吾人今乃由西洋之商業，進而討論日本之商業矣。日本與吾國同爲東洋國，其商業之經驗，足爲吾人參考之資者較多；日本爲我國外交上最重要之國家，其商業之發達，影響於吾國者甚大，吾人焉得不加意研究之乎。

日本今亦爲世界商業國之一；然考其古初，則渺然一小國也。是以欲知其商業發達之由來，不能不追溯其最初之情形。

第一節　最初商業之情形

日本與中國通商，蓋始於秦漢之際。（後漢書東夷傳，言秦始皇遣方士徐福，將童男女數千人入海，求蓬萊神仙不得。徐福畏誅，不敢還，遂止此州。世世相承，有數萬家，人民時至會稽市。會稽東冶縣人，有入海行遭風，流移至澶州者。澶州，今日本地，是中日之交易，淵源於秦漢之際可知。）其後中國之勢力侵入朝鮮愈甚；而中國之文化，由朝鮮間接輸入於日本者亦愈多。舉凡今日西洋人所稱日本特長之出產品，若絲、茶、磁等貨，繡、漆、畫、刻等物，無一不淵源於中國。一言以蔽之，曰：日本古代，除與朝鮮有接觸，有時與中國有接觸外，幾無他國之往來；而其文化，直爲中國之附庸國而已。

紀元前第四紀之時，歐洲與中國已有顯著之貿易。而日本之名詞，見於歐人之著作者，則始於馬哥博羅（Marco Polo）之遊記（一二七一年至一二九五年）；其與歐洲通商，則始於一五四二年。先是葡萄牙人，競事遠航至南洋。一五四二年，自暹羅出發之葡船，爲颶風所吹，至日本九州之海岸；不意大受日人之歡迎，約與通商。嗣後而西班牙人，荷蘭人，英人，先後接踵而至。

最初之葡人，挾傳教徒與鎗炮而俱至。日人以重視後者之故，而寬容前者。且隱窺其時之葡人，傳教似較通商更形熱心。故日本之諸侯中，欲得通商之利益及製造鎗炮之方法者，竟不屑受洗禮於耶穌會徒（Jesuits）（天主教之新派，爲葡人所崇奉者也。）其後日本當局，惡傳教徒之蔑視佛教，觸犯法律，而又疑其有意外之行動也，迭次下逐傳教徒之令；但仍不廢通商。

第二節　閉港時代

至一六三七年，九州之耶教民作亂，勢甚猖獗，德川幕府（時德川家光執政）砲隊之兵力，不足以平定之；由荷蘭人之助討，而亂始平。以此叛亂，爲葡人所煽動而成也，乃採閉港政策，較中國閉關政策，嚴厲又甚。禁止外人不得入境，犯者處以死刑。日本人亦不得離國門，除爲政府所許可之物外，不得購外國貨。外國除中國朝鮮外，惟荷蘭人以討亂功，仍得通商；但即荷蘭人亦祇得在長崎通商。每年荷蘭船之進長崎海港者，約七艘至十艘之多。運入絲與布疋（piece-goods），而與日本之金銅相交換。至一七九〇年，日本當局，限制荷蘭每年進口之船僅一艘；輸出之銅，每年不得過三百五十噸。日本如是與世界隔絕者，自一六三七年至一八五三年，經二世紀之久。

讀者至此，不免起一疑問：何以日本始則歡迎外人，繼則阻絕通商，又如此之甚乎？試述其原因：日本之初與歐人接觸也，見其所用之鎗砲，所乘之海船，非己所能製造。欲使其海陸軍之設備，與外人相等，故樂與之貿易，而襲取其技術。不知當時通商之葡萄牙人，以熱心傳教之故，每攜天主教徒而俱至；而當時通商之區域，——九州之地，亦爲耶教最盛行之地，時起叛亂。德川幕府，懼耶教徒爲之助，借外國之兵力，以反抗中央，則有亡國之危險。故一六三七年，九州耶教民作亂之後，不願與外人有所往來，不特禁止傳教已也，而又禁止通商。

日人最初之通商，又有一目的，即欲發達礦業是已。豐臣秀吉，利用西人開礦之方法，於是佐渡(Sado)之金礦，幾野(Ikuno)之銀礦，出產異常豐富，所鑄之貨幣，幾全爲金銀而不用銅鐵。迨後國用增加，金銀礦匱乏，不得不用銅以爲易中，而幣制亦逐漸紊亂，幾至難以收拾。其所以然者，有謂由於通商之故。據云自慶長(Keicho)時代之後，一百年間，日本之金幣流出國外者，佔四分之一，銀幣佔四分之三。苟長此以往，不過百年，則全國之金幣，所存者將爲半數，銀幣全歸爲烏有。如是國寶之虛糜於外國奢侈品，甚爲可惜。日本之與中荷通商，雖已受限制，而金銀流出海外者仍甚多。必須調查國內所有金銀之數，以此爲標準，而更限制中荷船舶來航之數，方足以補救禍患於未來。如此重金主義(Mercantilism)之學說，在十八世紀時甚佔勢力。德川幕府，竟採用之而行爲政策。

然則日本何以得行其閉港之政策，而爲所欲爲歟？蓋當十六七世紀之時，世界所謂商業國者若葡萄牙，若西班牙，若荷蘭，以今日之眼光視之，皆爲小國；而日本與西洋通商，幾經百年之久，已熟知耶教國利用鎗砲與製造之方法，其兵力足以自衛而有餘。且其時西人行商之經驗幼稚，而歐洲國家無所謂團體：西商排斥葡商，而荷商又排斥葡商與西商，鷸蚌相爭，漁翁得利。但至十九世紀，英美等商業移殖國，出而經營世界，日本乃無能爲矣。

第三節　西人之強迫開港

一八五三年，美國海軍司令彼黎（Commodore Perry）率軍艦四艘至，而昔日鎖港之政策，不復能行。先是美國水手在太平洋捕鯨魚而擱淺在日本海岸者，往往受日人之虐待。故美政府命彼黎向日本要求三點：（一）美國水手之避難於日本海島或海港者，其性命財產，須有保護之方法。（二）美國船舶，得進一或一以上之日本海港，而得食物、水、煤等物之供給。（三）並得銷售或交換其船貨。且謂如不允許，即當開戰。如此強迫之要求，以日本尚武之國民，其能容忍之乎？如此開港之要求，以日人嫉視西人之甚，其能承認之乎？

吾人所不可不知者，當日人閉港時代之內，歐美之進步異常迅速。試就爲日人所目睹者而言之。航行海洋之大船，已爲蒸汽機所驅使。彼黎所攜來之縫紉機器（sewing machine）與其他之發明物，並所裝之大砲，及同等之武器，其新奇爲日人所未曾夢見。數百萬人口之印度爲少數白人所克勝，數千年龐然自大之中國，爲城下之盟，而輸納鴉片。一八三九年以香港割讓於英；一八四二年，開五口以通商。故其時德川幕府，以爲苟不納美國之要求，將蹈中國之覆轍；不如先與西洋結通商之約，投其所好，而後學襲其武術與科學之所長，以謀保存國家之獨立。乃與美國結約，承認其要求；但西洋人仍不能實得通商之權利。至一八五八年，美國與日本復訂通商條約，而後西洋人漸得在函館、橫濱、長崎、神戶通商。

不意由開港之事實，而日本之政治上，發生五花八門之大變化。結開港之條約者，幕府也，而非朝廷也。而幕府卽因之而推倒。當此之時，日本之政權，久在德川幕府之手，天皇僅擁虛位而已。顧德川亦爲諸侯之一，而何以僅彼當握政權？其專擅把持，自遭諸侯之忌。且其時朝廷與國學者，及漢學者，概主攘夷，故皆痛詆幕府之跋扈，擅與西人結通商之條約。是以一時之潮流，無論或因倒幕而尊王，攘夷，或因攘夷而倒幕尊王，似皆以攘夷爲不二法門。自一八五九年至一八六八年，日人幾時有無故擊殺西人之事。其間英國使館，二次被攻，英美使館，曾皆被焚，幕府竟無權禁止，亦不能得禍首，惟向外國使館謝罪，或有時賠款而已。

蓋當時攘夷派之勢力甚大，薩摩、長門二藩，曾一時聯盟，欲以共成攘夷之事業。前者曾嗾使其侍從擊殺英人，而不交兇手。一八六三年，英國軍艦，砲擊鹿兒島，捕獲二船而去。後者曾迭次砲擊外國商船。一八六四年，英、美、法、荷之聯合艦隊，來擊下關，毀其砲臺而奏大勝。

讀者觀上所述日本明治以前閉港之情形，與吾國辛丑以前閉關之情形，當起一種之比較。一、非受兵力之壓迫，而不願與西洋通商，此日本與中國同也。二、中國人以排外而釀成拳匪之禍，日本人以攘夷而釀成之禍，若拳匪之役者，屢次而非一次；外人性命財產之不安全，而有礙於通商，此日本與中國同也。外國聯軍侵入，無力抵禦，國幾不國，此日本又與中國同也。然則日本何以頓成為世界之強國乎？此其故請言之於下章。

第十四章　日本之商業下

第一節　明治維新與商業之關係

薩摩、長門雖自告奮勇，樹攘夷為尊王之旗幟；及其戰敗也，翻然而悟西洋文化之優勝。同時而朝野上下亦知閉港之不可能。乃立外務省與西人結約通商，重採德川幕府之政策，轉機之速，可謂日人之特色矣。

且也日人以外患之逼迫，而政治之統一，不容須臾緩也。德川慶喜，迫於大義，以政權奉還朝廷。一八六七年，大小貴族，拋棄其封建之特權。由是內亂之禍源以除，士農工商不平等之階級以去，其有裨於工商業之發達，自不待言。然苟非日人之富於愛國心，曷克有此？

但日人以為苟不變法維新，仍不能抵抗西洋之侵略。幸值仁愛之明治天皇出而主政（一八六七年，）而又有賢良之輔佐襄理之。立帝國大學。兒童六歲，必須入小學，以期教育普及。而工商學校之發達，尤為日本教育之特色。建設中央銀行（一八八二年）惟中央銀行，握發鈔票之特權。明治維新之最足使吾人注意者，則改正條約之交涉是已。德川時代與西洋國家所訂之條約，其喪失國權，適與吾國同。進出口貨之關稅，不得過值百抽五。凡條約均載有「最惠國」字樣。欲修正關稅，非得十五結約國之承認不可。每一結約國，皆享有治外法權。舉十五國之法律，並行於開港市場一隅之地。在商埠之內，不特西人有關係之事，即日人之交涉，亦受領事之裁判。苟一歐美之旅客，乘日本之鐵路，而堅持不買票，當局亦無可如何。由此條約而釀成之情形，日人引爲大恥。自一八七一年之後，迭次與各國商議，修正條約，而終無效果。至法典完全告成，憲法頒布（一八八九年）之後，西洋各國，始願與日本結對等之條約；改正關稅，實行內地雜居，廢去領事裁判。

同時而日本物質上之文化，亦爲之大變。一八七二年，自東京至橫濱十八英里之第一條鐵路始告成；至一九一四年，全國之鐵路六、〇〇〇英里，幾全爲國有。自撤銷禁造海船之令後，十五年之內，海船之數，不過一三八艘；至一九一四年，二十噸以上之商船，有二、〇七二艘之多。（同年而法國之輪船，僅一八五七艘。）不特駛行國內，且遠至中國、孟買、歐洲、美洲、澳大利亞。礦業之發達，最初須受西洋技術專家之監督；至一九一三年，約二三〇、〇〇〇之礦夫，每年出產煤、銅、鐵及他種之礦物，共值美金六五、〇〇〇、〇〇〇元。一八八〇年以前，日本無紗業；其發達之速，至一九一四年，所用之紡綞，共二、四〇二、五七三支；每年所紡成之線，爲五四五、七三八、五四七磅。一八九〇年至一九〇一年之間，所增加之織機，出產增至八百倍之多。以工業發達結果，而日本之商業，蒸蒸日上。一八七七年，外國貿易，不過美金二五、〇〇〇、〇〇〇元；至一八九〇年，幾至七〇、〇〇〇、〇〇〇元；一九〇〇年，幾至二五〇、〇〇〇、〇〇〇元；一九一〇年至四五〇、〇〇〇、〇〇〇元強；一九一三年至六八〇、〇〇〇、〇〇〇元；一九一七年至一、三一九、三九八、五〇〇元；一九二二年至一、七六三、八八〇、〇〇〇元。四十五年間，增加至七十倍之多。而又有一特色，爲吾人所當知者，卽十九世紀之末，進出口貨之商業，大都在外國人之手；今則逐漸收回，大都爲自己所經營矣。

第二節　進出口貨之解剖

日本與遠東之貿易，較與歐美之貿易增加更速，顯爲日本在遠東屏斥美貨德貨及其他競爭國貨之結果。出口貨之增加，較進口貨之增加更速。出口貨百分之四十五往美國，百分之二十四往中國，百分之六往印度，百分之五往法國，百分之三往英國。故美爲日本最良之主顧，中國次之，印度次之，法英又次之。

五種物品，佔出口貨全部百分之六六。生絲居首位，佔出口貨全部百分之四一；其百分之九〇，爲美國所購取，而法國則購取百分之六。其次則爲紗（包括紗線與紗布二者）佔出口貨百分之一八；其全部幾皆銷於遠東：紗線暢銷於中國、香港、印度，紗布暢銷於中國、印度、荷屬東印度。其餘之三種物品，絲織物佔出口貨全部百分之五，磁器百分之一，茶百分之九十；而絲織物四分之一，磁器三分之一，茶百分之九十，則銷售於美國。

中國次於美國，而爲日本之最良主顧。一九一八年，中國進口之紗，大半來自日本。一九二一年，日本出口之紙，其半數運往中國。而中國亦爲日本銅之主要市場。最爲吾人所恥者，素以產磁著名之中國，今日乃爲日本最大銷磁地之一。日本之火柴，最暢銷於印度，而香港、荷屬東印度群島、中國、馬來半島次之；但運往中國之火柴，逐漸減少，以中國於此種之製造，近亦逐漸發達也。

以上爲出口貨之概狀。至於進口貨，百分之三十一爲美產，百分之十四爲印度產，百分之十三爲英產，百分之十爲中國產。

進口貨之最主要者爲棉花。棉花之來源一九二一年，美產值價百分之四十九，印度產百分之四十一，中國產百分之五。一九二一年，機器之進口者，美產佔百分之五十三，英產百分之三十六，而德產之進口，增加甚速。油餅幾全自中國而來。糖則出於荷屬東印度與斐立濱羣島。木材美國供給百分之五十八。羊毛大都由澳非二洲而來，羊毛織物則由英國而來。其餘主要進口貨，米則大部爲交趾支那與暹羅產。豆類爲中國產。建築材料，美國供給百分之九十七。造油之原料（oil-yielding materials），蓋爲中國所供給。煤油爲美國與東印度羣島所供給。

日本爲東西洋文化之媒介，而其商品亦現此特色。以茶、絲、磁、銷售於西洋，而以製造品銷售於中國，其明證也。然絲、茶、磁本爲中國之特產，而今日在外國之市場，漸爲日本所奪。是爲日本人着着進步，我國人着着落後之一確徵，可恥孰甚！

近年來英德在中國之市場，大受日本之排擠，固爲歐戰之結果；而距離較近，運費較省，亦爲優勝之一原因。且以二國之人種同，風俗同，習慣同，不特所用之物品具共同之性質；而有無之懋遷，幾可爲直接之交涉，是亦爲競爭便利之點。然以兵力侵略之行爲，而激成惡感，至我國往往有排斥「劣貨」之舉動；日貨之受打擊，自不待言。

最近（一九二四年）美國實行排日移民律，日人有欲以我之施於彼者，施之於美，而提議排斥美貨，此亦可謂不明事實之眞相者矣。美國自日輸入之物品，多爲奢侈品；而日本自美輸入之物品，則爲必需品。美國所得日本之貿易，不過佔出口貨百分之六；而日本所得之美國貿易，卽生絲一項，已佔出口貨全部百分之四十一。美國經營外國貿易之財富，不過佔全國財富百分之二；而日本經營外國貿易之財富，則佔全國財富百分之七。故日本苟排斥美貨，不能使美國受損失，而自身反受痛苦，直意中事耳。

第三節　日本之商業與中國之關係

日本自明治維新，工業大有進步，而以歐戰時代爲尤甚。歐戰時代，世界之工業國，幾皆從事於戰爭，而停止生產。日本乘此機會，以推廣航運，擴張貿易，其結果則一躍而爲世界之工業國。（歐戰時代日本之商業，詳見第十五章。）雖然，今日日本之製造，自歐美之眼光視之，品質粗劣；其所以能在東亞中立市場競爭優勝者，以工人取極低之傭金，爲長時間之工作，而出產之貨物，取價極廉故也。然日本之製造品質雖粗劣，而能於機器之工業，應用美術之觀念，可免西洋醜陋之惡習，非不足貴且日本在東亞佔地理上之位置，一與英國在歐洲所佔之位置相等爲天然之商業國。又以西伯利亞鐵道告成，巴拿馬運河開幕，交通如此之便利，其足以增進日本國外之貿易者，自不待言。苟能採納西洋之思想，以發達工商業爲首先之急務；擴張製造品以與外來之原料相交換，而供給國內增加之人口，豈不甚善？而無如日本徒襲西洋之外表，實行武力之主義，以爲奪取我國原料之不二法門。他種原料無論已，由製造最重要之煤鐵而論，其由我國奪取者，不可勝計。以中日戰爭之結果，而日本得開採朝鮮之鐵礦；以日俄戰爭之結果，而日本得攫獲南滿鐵道，開採撫順（礦區在奉天撫順縣）煙臺（礦區在遼陽縣城東約四十里）炸子窰（瓦房店附近），石碑嶺、陶家屯（二礦在長春附近）等煤礦；以青島一役之結果，而日本得開採金嶺鎮鐵礦、淄川煤礦；（膠州鐵路現雖交還中國，但二礦尚在日人之手）以二十一條要求之結果，而日本得開採本溪之煤鐵礦，（爲南滿九礦區之一，其脈起自遼陽縣之近處，擴展至本溪縣）執漢冶萍公司之監督權。一言以蔽之，曰日本缺乏製造之原料，利用我國兵力之弱，欲管理我國之原料，此國人所急應同心協力，共謀抵制者也。

第四節　大地震與商業之關係

日本自明治維新以來，政治上軍事上經濟上之策畫，皆大告成功；而有極失意之事，不及料而不及防者，為日本亘古未有之大地震是已。一九二三年九月一日，轟然地震，繼以火災，山崩地坼，火燄燕天；東京、橫濱等被災區域，繁華都邑，頓成焦土。所受物質上之損失，除軍備與生命不計外，據官場之報告，約為美金一千兆元。其直接關係於商業者：一，除任復興事業告成之前，全國商業上金融上之中心點，暫時當由東部之東京、橫濱，而移至西部之神戶、大坂。二，輸出額驟減，而以紗與生絲為尤甚；輸入額大增，而以建築品為尤甚。我國之商業，直接間接，受其激刺。日本政府，欲減少輸入，故有奢侈品重稅之施行。我國之物品，輸入日本者，即非奢侈品，亦被征重稅。

第三種之關係，則為幣制之影響。原夫日本以中日戰爭之結果，而改為金本位；但此之所謂金本位者，非若英國之真正金本位，而為跛本位制（limping standard）。日本所得之賠款，乃由中國在一八九五年至一八九八年所募集於歐洲市場之借欵而來。日本政府，以其大部分留存於倫敦，為彼金幣匯兌之基金（gold exchange fund）。日金十元，約等於一金鎊。照此比價，所售出之金匯票或金庫劵皆爲外國所樂承受，以有在倫敦之金(gold)爲之兌現也。

一九〇四年至一九〇五年間，日俄戰爭時，日本屢向外國大借欵，因之在紐約亦有現金之貯藏。歐戰時以輸出之超過輸入，而剩餘之現金得在國內外貯藏者，至二〇〇、〇〇〇、〇〇〇、金鎊之多。

歐戰後而國外貿易頓減，輸入繼續超過輸出；復以物價增高，以歐戰時之遭遇隆盛，而人民養成奢侈之習慣。故舊日所貯藏之現金，漸被侵蝕矣。至大地震後，以復興事業，而借大欵於外國。但歐美銀行，方以多得現金之預備爲急務，而由借欵所得之現金，半須爲支付復興材料之用；同時而輸入之超過輸出，較前尤甚；且生絲之市場，以供過於求，繼續低下。其結果也，日元跌至六角左右；但在本書告成時(民國十五年十一月)已漲至一元一角餘。則可見日本地震後經濟恢復之速，大足驚人。

第十五章　歐戰後之商業

第一節　歐戰中世界商業之概狀

一九一四年六月二十八日，奧大利皇嗣，爲塞爾維亞（Servia）人所刺死。奧政府發哀的美敦書於塞國，塞國不能允納其條件。七月二十八日，奧遂對塞宣戰。俄羅斯以塞同爲斯拉夫人種之國也，欲保護之，出師攻奧。德國以俄之干涉爲不當也，對俄宣戰。法爲俄之聯盟國，同時亦牽入戰爭。德爲迅速克法起見，而假道於比利時。比利時不允，而德攻擊之。英藉口以德爲侵犯永久中立國之權利也，而加入戰爭。未幾而戰爭之範圍又擴大，一變爲全歐之戰爭，終變爲全世界之戰爭。

歐戰起而經濟界全改面目。數百萬之人民，棄其平日生產之工作，而從事戰爭。交戰國與交戰國間之商業，頓然停止。交戰國與中立國間之商業，忽形紊亂。而戰爭最初之影響，即世界商業遭極大之恐慌是已。債權者要求債務之即須付現，投資者急求證券之售出，而商業所賴以活動之信用組織，爲之搖動；惟特別嚴厲之政策，始稍能挽狂瀾於既倒。

歐洲國家，幾皆宣告：一切私人之債務，可暫時停付。其在美國，重要之證券交易所，閉歇數禮拜，而證券之交易，暫告一段落。歐洲之公司，可在美國提款者，皆求現金之支付。紐約之外國匯兌率暴漲。全國各處向銀行提款，勢甚兇猛。幸發「緊急鈔票」(emergency currency)（美國之普通鈔票，以聯邦政府債票為抵押品，始可發行。此則卽他種債票與商用期票 (commercial paper)，亦可作為抵押品，緊急時用之，故名。）四〇〇、〇〇〇、〇〇〇金元，而得以過渡。若夫我國工業上之建設，如鐵路等，賴歐洲之資本以經營者，頓時停止；經濟之發達遲緩，亦受歐戰之影響也。

英國海軍之優勝，至此時而彰明昭著。自歐戰起，而英政府卽封鎖德國之海港，使之不得與外國往來；且防止其由鄰近中立國海港，而與外國貿易。

由一九一四年八月十二日二次海軍戰勝之結果，而德之戰艦及商船，不見於外洋；交通斷絕，頓成孤立之狀態。英則以大洋之重要路線，幾皆為其所管轄，故能將本國及殖民地加拿大、澳大利亞、南非洲、印度之兵源源運輸於歐洲大陸。且與世界之貿易，亦繼續不絕。如此之情形，不特能使協約國黽勉從事於戰爭，且能使工商業仍行其職務。雖一九一五年二月，德國宣告大不列顛三島之周圍，為戰爭帶 (war zone)。在此戰爭帶內，敵船可被毀沉而無預告 (warning) 之必要中立國之船及人民，不當入此範圍內。雖一九一七年二月德國擴張戰爭帶之範圍，宣告近大不列顛、法蘭西、意大利、地中海東部之船，無論敵國的與中立國的，皆當毀沉，實行其潛水艇之政策 (submarine policy)。但英與外洋之交通及貿易不因之而間斷：一方面吸收世界之資產，他方面以供給歐洲之戰爭。商業之停止，此德之所以失敗；商業之不息，此英之所以優勝歟。

上之所述，爲歐戰中世界商業之大概情形。欲知其詳，可就德英美日之商業而討論之。德可爲聯盟國商業之代表；英可爲協約國商業之代表；美日可爲中立國商業之代表。雖日爲膠州灣而對德宣戰；但除此以外，純爲中立國之態度。雖美於一九一七年，亦對德宣戰；然以其商業而言，戰後（僅指美國而言）與戰前之地位無甚差異，卽謂之曰中立國，亦無不可。茲將四國商業之狀況，一一述之於下。

第二節　戰爭國之商業

一　德國之商業

自德之海港，爲協約國所封鎖後，而呈孤立之狀態，工商業大受打擊。以德之工業，多賴外國原料之供給，賴外國市場之銷途而後始能興盛也。故德在大戰中之商業如何，可由其數種工業之情形而推測之。

德以化學品著名於世，其所以然者，則以（一）富於苛性鉀（potash）等原料；（二）應用科學之程度高；（三）製造之祕密；（四）營業組織之優勝。一九一二年，德國化學品之出口，約計二〇五、〇〇〇、〇〇〇金元，英國約不過一〇五、〇〇〇、〇〇〇金元而已。至於日本為化學品之輸入國，其輸出者甚有限；但至德國為英所封鎖，而化學品之商業，為之大變。

歐戰初起時，以外國貿易頓然停止，德國之化學工業，殊遭損失；然不久，而軍用品如炸藥等需要甚急甚多，故仍能繼續營業，而維持舊狀。但同時而英美日本，以德國供給之斷絕，而設法發達其本國之化學工業（見後）。是其近數十年苦心經營所得之海外市場，失之於一旦，戰後恐一時不能恢復。

德之紡織業，亦大受戰爭之影響。各種紡織之原料，皆賴外國之供給。海外之來源既絕，於是不得不代之以劣質之纖維，而出產大減。即供給國內之市場，亦患不足；而外國之市場，早已落入他國之手矣。

要而言之，德國戰時之主要工業，可分爲二種：一種之原料，則由自給；其又一種之原料，則仰給於外。第一種之工業，轉而爲政府製造軍需品，營業頗盛。第二種之工業，則以原料缺乏而日形衰敗。然國外之市場，二者同歸於盡。

二 英國之商業

英國之工業，非無受戰爭之利益者在。以德貨之停止輸入，而化學工業之出品，爲之增加；以戰爭之刺激，而製鋼之方法，爲之改良，是其例也。但國家之政策，孜孜以供給戰爭之需要爲急務。或因貨物留爲國內之用，而減少輸出；或因船舶用於軍事上之運輸，而妨礙原料之輸入，其結果也，英國之棉織物，雖戰前大半輸出於遠東，雖戰時此項輸出貿易大半仍能保存；而印度之市場，入於印商日商之手者不少，昔日在中國市場優勝之地位，爲日商所奪。

但英國於協約國之需要，仍設法供給之，絕不使之減少戰鬬力。蓋歐洲之戰爭，非僅爲兵力之戰爭，而實爲資產之戰爭。英國之能爲協約國助者，兵力尚有限；而其所得於海外之資產實無窮。

凡協約國之須求給於英國者，英國政府酌定其需要之數量而供給之，以維持戰爭。至美國加入戰爭，而英美法意有協約國海運委員會（Allied Maritime Transport Council）之組織，以分配協約國船舶之需要；又有協約國食物委員會（Inter-allied Food Council）之組織，以分配協約國食物之需要；又有協約國軍需品委員會（Inter-allied Munition Council），及各種原料委員會之組織，以分配協約國軍需與原料之需要。以協約國爲經濟上之團體，集歐美之國家，患難相共，而有無相通，此殆歷史上之創例歟。

第三節　中立國之商業

一　美國之商業

美國在歐戰中之商業，可分爲二期：第一期爲中立時代，卽自歐戰起至威爾遜總統對德宣戰止。第二期爲交戰時代，卽自加入歐戰起至休戰止。

美國之商業，在第一期中，幾爲無限制之發達。所供給之需要，至少有三種：（1）歐洲國家，若比利時，若德，若奧，全與國外市場斷絕；若英，若法，孳孳於軍事上之供給，無暇顧及海外之貿易。故向日此等國家輸出美國之貨物全部分或一部分停止；而國內之市場，全爲美國人自己所供給（２）中立市場向日爲英德或幾爲英德所佔據者，今則美國起而補其缺。（３）交戰國，以人民之從事於戰爭，生產最爲之減少，不得不仰給於美國，而軍備尤甚。

在第二期中，雖商業仍繼續發達；但全國之精神，注意於戰爭。最重要物品之供給，幾皆爲政府所用。所謂政府者，可分爲三方面：一、美國政府之自身；二、代爲美國政府包辦之承攬人；三、協約國。此類非私人之需要，僅以鐵與鋼而論，最多時佔百分之八十五或九十，最少時亦不在百分之六十下云。

然在此二期中，而美國之商業，俱呈左之特色。

一　由債務國而變爲債權國也　以上述種種之理由，而美國每年出口貨之價值，遠過於進口貨之價值，迨後更甚。歐戰以前，美國爲債務國者多年。據云一九一〇年時，外國之投資於美國者，約有六、五〇〇、〇〇〇、〇〇〇之多，故美國每年之出口貨，遠過於進口貨，以爲還本付利及他種之用。當歐戰初起，以債權者急於提取現金，而金之輸出者甚多；但因輸出貿易發達極速，而益無庸輸出。且至一九一五年一月時，而金反自外輸入。一九一五年，美國所淨得之金值二五、三四四、六〇七金元；一九一六年四〇三、七五九、七五三金元；一九一七年六八五、二五四、八〇一金元。金之輸入，不可謂不多。顧以協約國所購美國之貨值價更多，仍不足以付欵；即外國投資者所持美國之證券，多數歸還於美國，亦不足以抵銷債務。是以英法向美國借極大之欵，以爲購買貨物之用。而其他之歐洲國家，亦倣此政策。至一九一七年之初，美國悉還所欠外國之債務；又吸收世界金之極大部分，得外國證券等類值數百萬金元，一躍而爲債權國矣。

二　新工業之振興也　歐戰以前，美國之出口貨雖製造品所佔之百分數年多一年；而農產品仍較製造品爲多，已言之於前。至歐戰後，而情形大變。觀下表（以金元爲單位）即知之矣。

出口貨	1913	1916	1918
原料（食物除外）	731,758,513	535,952,043	897,328,794
食物（天然與人造）	503,111,639	979,697,253	1,528,989,991

半製造品（食物除外）	408,806,949	657,923,305	1,203,916,333
製造品（食物除外）	776,297,360	1,998,298,249	2,191,137,089

由斯觀之，不特美國出口貨之發達，足以驚人；而製造之發達，亦足以驚人。蓋歐戰後，美國之工業，進步異常迅速。所謂工業者，可分爲新舊之二種：舊工業若鐵鋼棉織物之製造，以受歐戰之刺激，地位更形穩固，自不待言；吾人所更當注意者，則爲其新工業。

新工業爲前時所不能成立，而成立於歐戰時代者甚多。其中最重要者，則爲化學品，精緻玻璃品 (high-grade glassware)，與外科醫具 (surgical instruments) 等。此類出品，歐戰以前幾爲德國所壟斷，而美人以爲不能與之競爭。至一九一五年五月，以協約國封鎖德國海港之結果，德貨完全不能出口；美國紡織業所受之影響尤甚大，有「顏料荒」(dye famine) 之發。但美國製造家，竭力設法，思有以濟其窮。至一九一六年之冬，遂能應付大部分之急需，不久顏料之出口者亦不少。其他化學品與精緻玻璃品及外科醫具等，至少亦能足以自給。其成功所以如此之速者：（一）德貨無從進口，而政府又特定稅則，完全排除外物之競爭。（二）美國工廠，資本充足，有力設立化學研究室，聘用高等技師，以改良物品。（三）參入歐戰時，所有德國之製造品，在美國註册所得之專賣權，一切宣告無效，而美人得自由利用其經驗。

與前例相同，但非爲交戰國之專賣品，而爲中立國之專賣品，樟腦是已。樟腦幾爲日本之專賣品，但以歐戰之故，太平洋間之運輸，亦受限制，樟腦之供給，爲之無定。欲免此缺點，而美國一公司，以數種原料之化學結合，能製人造樟腦，與天然樟腦同。

讀者當知以上所述之製造，若化學品，精緻玻璃品，外科醫具，不特爲工業之要素，且爲軍用之必需品，而所由賴以立國者也。然美國參入歐戰後，始知其地位之重要；而此類工業，又受戰爭之刺激，大形進步。但歐戰之後，果否能與德國同等之工業相競爭，是爲問題。惟彼邦人士，目此類工業爲「幼稚工業」，而謂仍有關稅保護之必要。

三　商船之竭力擴張也　美國商船之缺乏，實爲商業發達之一大障礙。一九一四年以前，海外運輸，大都惟英德之船舶是賴。至歐戰起，而德之船舶，不見於海上，英之船舶大都改爲軍需之用。雖英以善於調劑，而仍有船舶，得自美運貨至英；但美國之商人，欲運貨至世界之他處，則甚感困難。且以運價暴漲，而美國之製船業，卽大受激刺。及對德宣戰，而美國運往歐洲之兵糧，須絡繹不絕，國會乃與總統以無限制的增添船舶之權。其結果也，至歐戰末，而美國之船舶，約有一四，〇〇〇、〇〇〇噸之多，惟大部爲政府所有。歐戰終後，五年之內，或賣或租，須悉數爲私人所管理。若是乎戰後美國之製船業，必不能如戰前之發達，已無疑義；而戰後海運業能否與外國競爭，是爲問題。惟今日之美人，以大商船隊之維持，與彼商業上與國際上之前途，大有關係，則當變其戰前之政策，亦可想而知矣。

二　日本之商業

當交戰國戰爭不遑之時，日本注其全力於商業。遠東之市場，歐戰前爲歐洲工業國所供給者，今則日本設法供給之；工業爲舊所有者，則擴張之；爲前無有者，則建設之。吾人所當注意者，其發達工業，大都以供給國外之市場爲目的；而日本政府則直接從事於製造。日本工業程度之增高，是爲歐戰之一結果。

製造工業，其一例也。歐戰以前，日本所用之鋼，與其製鋼工業，有賴乎英、德、美。而其國內鐵礦之供給不足，日本政府設一製鋼廠，爲海陸軍之用，又有數處私立之製鋼廠，但規模小，營業無經驗，工人缺乏高等之技藝；而政府之鋼廠，歐戰前不特不能獲利，而且虧本。

歐戰起，而日本與鋼有連帶之工業，大形危險。德鋼完全斷絕；英之來源，頓然減少；美之供給，不過暫時耳，自合衆國加入戰爭後，亦爲之減少。同時而歐戰之初期，日本之鋼價暴漲，需要又如此之急，故日本政府獎勵新鋼廠之開設。其結果也，新者以起，舊者大振。

鋼之原料，大都出於朝鮮與中國。政府之製鋼廠，其原料多來自漢陽鐵廠。欲使此來源之供給不絕也，以提袁的美敦書要求中國政府，承認「無日本國資本家之同意，不將該公司歸爲國有，又不使該公司借用日本國以外之外國資本」。山東之金嶺鎮鐵礦，本在德人之手。日本自陷青島後，卽取爲己有，而爲政府所開。私立之製鋼公司，不特在滿洲鎔礦，而又在滿洲製鋼與鋼物。

日本又以船舶之缺乏，乘歐戰之機會，而發達造船業。一九一四年，日本之造船所，出船七十九艘，共計八二、〇〇〇噸；一九一七年，出船百九十二艘，共計三五九、〇〇〇噸；一九一八年，所造之船更大，而總噸數當爲一、〇〇〇、〇〇〇噸云。

然日本最重要之工業爲紗業。歐戰以前，日本棉織物之競爭，僅限於遠東；即在遠東，競爭亦不劇烈。一九一三年，日本所供給中國之布疋(piece goods)，不過佔此類進口貨百分之十三；輸入印度者。不過數種襪類織物(cotton hosiery)(不僅限於襪類，即手套之以棉製成者，亦包括在內，其他類推)而已。至歐戰後，其在中國，日本棉織物，代英國而興，佔輸入國第一之位置；其在印度，雖輸入之比例尚小，而與英國作劇烈之競爭。

歐戰起而德國之化學品，無從輸入。政府乃竭力獎勵國貨之發達，而大收成效。設立化學試驗廠，擔保化學品製造者，至少得八盤之贏利。以顏料之價貴，紡織業需要之急切，而日本之顏料工業，亦爲之發達。但化學師少，不足於用；歐戰後，恐仍不能與外國競爭。

第十六章　中國之商業上

英國哲學家羅素曰：「中國在世界之地位，甚形特別。以人口與蘊能力言之，爲世界最大之國家；以現時之實力言之，爲世界最小國家之一。」是言也，證之於中國政治之情形然；證之於中國商業之情形，亦何獨不然。夫以中國土地之廣大，物產之豐富，人口之衆多，民族之勤儉，至少當爲世界商業國之一；而結果則受西洋諸國商業之侵略，尚不能自存。此其故不得不就歷史上爲之解釋。是以欲知今日中國商業之由來，與預測異日商業之前途，不能不追溯其最初商業之事實。

中國商業之不發達，原因甚多。就歷史上最要之原因而言之，不外乎輕商之惡習，與政治之腐敗而已。政治之腐敗，起於秦漢之後，此人人所知也。至於輕商之惡習，自何時而起，知之者甚鮮。若夫何故而輕商，則知之者更鮮矣。本章之目的，卽欲證明輕商自何時而起，與夫何故而輕商。讀者苟能瞭解此問題，則於中國商業不發達之原因思過半矣。

第一節　古代之商政

太古商業之起源，不可確知。惟古書之記載，則以爲交易之事，始於神農。易曰：「神農氏作，日中爲市。」神農之所以尊爲聖人者，開交易其一也。是交易之見重於當時也明甚。史稱神農後，高辛氏衰，市官不修，顓頊之臣祝融爲火正而修市。是市官之修市，爲當時重要之政務也明甚。荒古之時，我先人之注意於商政已如此。

大禹之功在平洪水；平洪水之功，尚書推重之曰：「樹藝五穀，懋遷有無。」是古人以商業之有關於民生，等於農業，並無畸輕畸重之弊。

周興，太公爲政。史家稱太公之治齊也，一則曰：「太公既立九府圜法於周，退而復行於齊。」再則曰：「太公望封於營丘，地潟鹵（鹹地也）人民寡。於是太公勸其女功，極技巧，通魚鹽，則人物歸之，繈至而輻輳。」因注重商業而注重貨幣，是爲太公之創見。

管子治齊，繼續太公之政策而注重商業。「官山海，」收鹽鐵專賣之利，而齊以霸周之列國中，自周初以至周末，始終爲強國而不衰者當稱齊。何也？以其富也。齊握山海之利，太公因之而富，管子因之而霸，卽謂齊以商業立國，亦無不可。

春秋時之藉商業以立國者，非特齊而已也。衞爲狄人所滅，及文公復國，「務材訓農，通商惠工」而衞中興。「越王勾踐，困於會稽之上，乃用范蠡、計然，講究生聚之方，財幣行如流水（貨幣流通不絕，如流水也。）修之十年而國富厚賂戰士，遂報彊吳。」

鄭當東西南北之衝，爲齊、秦、晉、楚競爭之焦點，處於大國之間，而猶得保其社稷者，雖由於外交家應付之有方而其有賴於商人之擁護者，亦足多焉。謂予不信，請引二事以爲證：

魯僖公三十三年，秦潛師襲鄭，及滑，鄭商人弦高將市於周，遇之。以牛十二犒師，曰：「寡君聞吾子將步（行也）師出敝邑，敢犒從者。」且使遽（傳車）告於鄭。秦師疑鄭有備，引師而還。此一事也。

魯昭公十六年，晉韓宣子聘於鄭。宣子有環，其一在鄭商，欲得而雙之，請諸鄭伯，子產弗與，曰：「非官府之守器也，寡君不知。」宣子遂買諸商人。旣成賈矣，商人曰：「必告君大夫。」宣子請諸子產。子產對曰：「昔我先君桓公與商人，皆出自周。（鄭本在周畿內，桓公東遷，並與商人俱。）庸次比耦（相從耦耕），以艾殺此地，斬之蓬蒿藜藋，而共處之。世有盟誓以相信也：曰爾無我叛，我無強賈，毋或匄（取也）奪。爾有利市寶賄，我弗與知。恃此質誓，故能相保以至於今。今吾子以好來辱，而謂敝邑強奪商人，是教敝邑背盟誓也，毋乃不可乎？」宣子乃弗敢求環。此又一事也。

此二事甚饒興趣，而其爲吾人之所當注意者，有二點：（一）以鄭桓公時之商人，與政府共定國基，互相盟誓。弦高以一商人將君命而犒秦師，使傳車密告政府。是當時商人地位之高，而無賤商之惡習可知。（一）以桓公之東遷也，商人與之俱遷，而共定國基。秦師之襲鄭也，弦高以一商人犒師，代將君命而却強敵。韓宣子之買環於商人也，商人以「必告君大夫」一爲請，不敢圖私利而置國家之體面於不顧。如此之商人，高見遠識，既富有愛國思想，又長於治國之策，他人不敢賤視之也明甚。

由前觀之，古代之政府，皆以獎勵商業爲國家之要務，而並無後世賤商之惡習。蓋古代之政治思想如是也。

古代之暴君，以桀紂幽厲聞。除桀紂幽厲外，不聞有其他之暴君。讀者試思桀紂幽厲之虐政殃民，其罪當不在後世君主之上，而竟被放伐。上古政治之昌明，不容君主之爲惡者，可想而見。孔子曰：「暴其民甚，則身弒國亡；不甚則身危國削。」孟子曰：「民爲貴，社稷次之，君爲輕。」商爲四民之一，君不敢暴民，而謂敢賤商乎？周書曰：「農不出則乏其食；工不出則乏其事；商不出則三寶絕；

虞不出則財匱少財匱少而山澤不辟（同闢）矣。此四者，民所衣食之原也。」既以民爲貴，自不得不重視民生；農爲民生之所寄，商亦爲民生之所寄；同爲民生之所寄者，而當有貴賤之區別乎？是故由民貴主義而重視民生，由民生主義而重視商業，理之固然，事有必至者矣。

第二節　古代之商才

凡一職業，在社會上之地位若何，可由二方面而觀察之。苟一職業，有特出之人才出於其間，則其在社會上之地位必高。此自內部之方面而觀察之也。苟一職業爲政府所獎勵，則其在社會上之地位必高。此自外部之方面而觀察之也。古代之商業，受政府之獎勵，言之於前節，證據確鑿，已無容疑。至於商才如何，請言之於本節。本節之材料，多取之於太史公貨殖傳；而散見於他處者，亦採入焉。

史記稱舜耕歷山，漁雷澤，陶河濱，作什器於壽丘，就時於負夏。索隱：「什器，什數也。蓋人家常用之器非一，故以什爲數，猶今云什物也。」然則所謂作什器者，非工而何。索隱：「就時，猶逐時，若言乘時射利也。」然則所謂就時者，非商而何？是當時之工商，已與耕漁陶，同爲謀生營利之職業。聖人如舜尙樂爲之，況其他乎？是以舜之所居，一年成聚（村落也）二年成邑，三年成都。（見史記五帝本記。）此大聖人窮時，以商而獨善其身也。

管仲與鮑叔同賈南陽。及分財利，而管仲常欺鮑叔多自取。鮑叔知其有母，不以爲貪也。而鮑叔事齊公子小白，管仲事公子糾。及小白立爲桓公，公子糾死，管仲囚焉。鮑叔遂進管仲，管仲既相齊，以齊在海濱，通貨積財，富國強兵，與俗同好惡。故其言有曰：「倉廩實而知禮節，衣食足而知榮辱。」是鮑叔管仲微時，皆爲商人；而管仲富國之方，或得力於商，亦未可知。此義友孝子政治家以商爲修養之資也。

越王勾踐，困於會稽之上，迺用范蠡、計然。計然曰：「知鬬則修備，時用則知物，二者形則萬貨之情，可得見矣。故旱則資舟，水則資車，物之理也。」推此類而修之十年，國富，厚賂戰士，士赴矢石，如渴得飲，遂報彊吳。此愛國之士以商業而救國也。

范蠡既雪會稽之恥，乃喟然歎曰：「計然之策七，越用其五而得意。既已施之國，吾欲用之家。」乃乘扁舟，浮於江湖，變名姓，適齊爲鴟夷子皮；之陶爲朱公。朱公以爲陶居天下之中，諸侯四通，貨物所交易也。乃治產積居候時轉物。十九年之間，三致千金，而再分散與貧友昆弟。此慈善家以商業而行德施惠也。

子貢既學於仲尼，退而仕衞，發貯鬻財曹魯之間，七十子之徒，賜最爲饒益。原憲不厭糟糠，匿於窮巷。子貢結駟連騎，束帛之幣，以聘享諸侯，所至國君，無不與之分庭抗禮。夫使孔子名布揚於天下者，子貢先後之也。此儒家以商業而佐師傳道也。

白圭，周人也。當魏文侯時，李悝務盡地力，而白圭樂觀時變。故人棄我取，人取我與；能薄飲食，忍嗜欲，節衣服，與用事僮僕同苦樂。趨時若猛獸鷙鳥之發。曰：「吾治生猶伊尹呂尚之謀，孫吳用兵，商鞅行法是也。故智不足與權變，勇不足以決斷，仁不足以取予，彊不足以有守，雖欲學吾術，終不告之矣。」蓋天下言治生者祖白圭。此經濟專家以商業而行教育之道也。

魯窮人，曰倚頓，耕常飢，桑常寒，其後以鹽起。而邯鄲郭縱以鐵冶成業，皆致富貲擬王公。此平民以商業而顯達也。

呂不韋者，陽翟大賈也。販賤賣貴，家累千金。以財結秦主而得爲相國，家僮萬人。當是時，魏有信陵君，楚有春申君，趙有平原君，齊有孟嘗君，皆下士喜賓客以相傾。呂不韋亦招致士，厚遇之，至食客三千人。是時諸侯多辯士，如荀卿之徒，著書布天下。呂不韋乃使其客人人著所聞，集論，以為八覽六論十二紀，共二千餘萬言，以為備載天地萬物古今之事，號曰呂氏春秋，實為後世類書之濫觴。此商人而大有為於政界與學界也。

中國古代之商才，較之今日歐美之商人，有過之而無不及。蓋今日歐美之商才，充其量大都不過為大商家；而古代之商才，若舜、管子、計然、范蠡、子貢、白圭，或為大聖人，或為大政治家，或為大學問家，有窮則獨善其身，達則兼善天下之概。白圭之言曰：「吾治生猶伊尹、呂尚之謀，孫吳用兵，商鞅行法。……是故智不足與權變，勇不足以決斷，仁不足以取予，彊不足以有守，雖欲學吾術，終不告之矣。」其視治生之術，直等於經綸國家之大道。要豈後世析銖錙計斗筲之徒，所得望其肩背者哉？

第三節　後世之重農輕商

由前二節之研究，商業為政府所獎勵；而又有特出之人才，起於其間。是古代無輕商之惡習，已無容疑。然則輕商之惡習何時始？曰：濫觴於秦，而至漢乃一成而不可變。請述其歷史。

秦之輕商，不在幷吞六國之後，而始於商鞅。商鞅爲政，大小勠（幷也）力致粟帛多者，免除其身役（力役之征也）；事末利（商也）及怠而貧者舉（糾舉也）以爲收孥（孥，妻子也，謂收其妻子，沒爲官奴隸。）又貴粟而重市租。我國之重農賤商，蓋始於此。史記、秦始皇本紀、琅邪臺頌有曰：「上農除末，黔首是富。」所謂末者商也。李斯上言有曰：「今天下已定，法令出一；百姓當家，則力農工。」僅言農工而不及商，豈非以商爲非百姓正當之職業乎？是重農輕商，秦始皇仍襲祖先之遺策可知。觀夫「發諸嘗逋亡人，贅壻賈人，略取陸梁地」（謂嶺南地也。）以賈人與逋亡之罪人同視，此爲賤商之明證。而或謂始皇以客禮待清寡婦，爲之築懷清臺；「令烏臝比封君，以時與列臣朝請」爲秦之優待商人，以促進商業之事實。殊不知始皇之優待清寡婦，非以爲富商也，「以爲貞婦」也。蓋專制君主欲臣之忠，故獎勵貞婦之守節以爲勸。始皇之優禮烏臝，非以爲富商也，以富商而「求奇繒物，間獻戎王」，效忠於君也。蓋專制君主之賤商，非真以商之職業爲有害，惟以富商之多不顧効忠，故獎勵富商之効忠者以爲勸。若夫何故而富商不能與君主相容，其原因請卽言之於下：

漢高祖既定天下，令賈人不得衣絲乘車，重租稅以困辱之。又禁毋得爲吏與名田（名田，占田也。）人出賦錢一算，惟賈人與奴隸倍算。（漢高祖四年，初爲算賦，人年十五以上至五十六，皆出賦錢，人百二十，爲一算，是爲人口稅之始。）凡賈皆有籍，謫以戍邊者有七科：吏有罪一，亡命二，贅壻三，而賈人四，故有市籍五，父母有市籍六，大父母有市籍七。商人之賤，可謂至矣。至孝惠高后時，爲天下初定，復弛商賈之律；然市井子孫，亦不爲吏。文景之朝，得入粟補官，名爲重農，實則抑商。夫漢高祖之爲政簡易，不及秦始皇之苛暴；顧其虐待商人，反出秦始皇之上。文帝以仁儉著名，顧其欲重農而抑商也，不惜開後世鬻官賣爵之惡風。抑若商人與君主，如冰炭之不相容者。予推其故，有最大之原因二焉：

一 爲本末之學說所誤也　農本商末之理論，不知始於何時；惟實行此說者，始於商鞅。鞅之言曰：

「民之內事，（內事者，在國內之事也，）莫若於農。故輕治不可以使之。奚謂輕治？其農貧而商富。故其食（食物也）賤者錢重，食賤者農貧，錢重則商富；末事不禁，則技巧之人利，而游食者衆之謂也。故農之用力最苦而贏利少，不如商賈技巧之人。苟能令商賈技巧之人無繁（不增加也）則欲國之無富不可得也。故曰欲農富其國者，境內之食必貴，而不農之徵必多（徵稅也，不務農者重稅之；）市利之租（亦稅也）必重，則民不得無田。（無田不得易其食，無田者已無食，不得不以交易而得之。）食貴則田者利，田者利則事者衆。食貴糴食不利，而又加重徵，則民不得無（不也）去其商賈技巧，而事地利矣。故民之力盡在於地利矣。」

鞅之後，而漢初有賈誼、鼂錯，皆以積貯未備爲痛惜，說文帝募民入粟拜爵。誼之言曰：

「一夫不耕，或受其飢；一女不織，或受其寒；生之有時而用之無度，則物力必屈。古之治天下，至纖至悉，故其畜（同蓄）積足恃。今背本而趨末者甚衆，淫侈之俗，日月以長，天下財產何得不蹶（竭也）？卽不幸有方二三千里之旱，國胡以相恤？卒（猝也）然邊境有急，數十百萬之衆，國胡以餽之？……今敺（同驅）民而歸之農，皆著（附也）於本，使天下各食其力，末技遊食之民，轉而緣（循也）南畝，則畜積足而人樂其所矣。」

錯之言曰：

「今海內爲一，土地人民之衆，不避（讓也）禹湯；加以亡（同無）天災數年之水旱。而畜積未及者。何也？地有餘利；民有餘力；生穀之土未盡墾；山澤之利未盡出也；游食之民，未盡歸農也。民貧則奸邪生；貧生於不足；不足生於不農；不農則不地著；不地著則離鄉輕家如鳥獸，雖有高城深池，嚴法重刑，猶不能禁也。……………」

由以上本末之說觀之，重農輕商之理由，可分爲三端：（一）以農之出產品爲粟米布帛，無粟米布帛，則民不免無凍餒之患。故民爲邦本，農爲民本。反之，商則不耕而食於人，不織而衣於人，游行都市，居奇操算，乘人之急，取人之利，所謂游食之民也。此農當重而商當抑，就經濟上而言之也。（二）以農雖終歲勤勞，不幸而遇凶年，所得尚不足以謀生；商則四體不勤，游閒安逸，而獲利豐厚。苟不重農而抑商，則不足以爲勤者勸而怠者戒。此就道德上而言之也。（三）以國家無粟，則進不足以攻，退不足以守，而國本動搖。故欲國家有備而無患，莫若積貯；欲積貯不能不重農；欲重農不能不抑商。此就軍事上而言之也。

二　欲推倒金錢之勢力也　韓非曰：「儒以文亂法，而俠以武犯禁；」予則曰商以富凌尊。專制君主，建樹無上之政治勢力，不容有第二之勢力並立而與之抗衡。是故儒以言論之勢力，觸犯專制君主之威嚴，而遭焚坑之禍；游俠以義勇之勢力，觸犯專制君主之威嚴，而王孟，濟南瞯氏，陳周庸，郭解之徒，遭誅戮之禍；富商以金錢之勢力，觸犯君主之威嚴，而一般之商人，遭抑制之禍。若夫商人如何以金錢之勢力，觸犯君主之威嚴?試就漢初之事實而證明之。

鼂錯貴粟疏有曰：「夫珠玉金銀，飢不可食，寒不可衣；然而衆貴之者，以上用之故也。其爲物輕微易藏，在於把握，可以周海內而亡飢寒之患。此令臣輕背其主，而民易去其鄉，盜賊有所勸，亡逃者得輕資也。粟米布帛生於地，長於時，聚於力，非可一日成也。數石之重，中人勿勝，不爲奸邪所利，一日弗得而飢寒至。是故明君貴五穀而賤金玉。」讀此言而專制君主所以貴農賤商之故，可以恍然悟矣。農所資之物爲五穀，五穀笨重，法律得以拘束之，人有之而不足爲叛亂之資。商所資之物爲金錢，金錢輕微易藏，法律甚難拘束之，人有之足爲叛亂之資。然則專制君主之所以貴農而賤商者，未必以農之職業，有益於民生而當貴；商之職業，有害於民生而當賤。實以農所資之物勢力小而不足與政府抵抗；商所賚之物，勢力大而易與政府抵抗耳。吳王濞諸侯也，鑄錢富埒（等也）天子；鄧通大夫也鑄錢財過王者。而一則以叛逆誅，一則逃出徼（邊也）外，豈盡由於彼之過哉？亦金錢之勢力，有以招禍者在也。

鼂錯貴粟疏又有曰：「商賈以其富厚，交通王侯，力過吏勢，以利相傾。千里游敖，冠蓋相望，乘堅策肥，履絲曳縞。此商人所以兼并農人，農人所以流亡者也。今夫法律賤商人，商人已富貴矣；尊農夫，農夫已貧賤矣。故俗之所貴，主之所賤也；吏之所卑，法之所尊也。」由此觀之，商人以金錢之富厚，王侯亦願與之交通；而其擁有之勢力，且足以壓倒官吏。是商人以金錢之勢力而兼有政治之勢力，苟能善用之，爲政治上之競爭，而鈐制政府之行爲，以造成立憲政治之基礎，有如歐洲者然（參考本書第一章第一節，一城市勢力之發展，）亦未可知。故商人金錢之勢力，與專制政體，有不兩立之勢，其遭專制君主之摧殘也亦宜。

由斯觀之，重農輕商之理有二：（一）爲本末之學說所誤，（一）欲推倒金錢之勢力。夫商與農同爲生利之職業，立國之要素，本末學說之誤，自不待言。至於金錢之勢力，觸犯專制君主之威嚴，倘不推倒之，不得行其專制，或竟不能保持其地位，亦未可知。是以專制君主苟能推倒金錢之勢力，卽爲本末之學說所誤，亦所不惜。抑吾人又有欲言者，專制君主對內之政策，則爲重農輕商；對外之政策則爲閉關自守。而二者又有連帶之關係。請卽於下節言之。

第四節　後世之閉關主義

我國最古之時，遠方蠻夷，皆來通貢。成湯定四方貢獻。武王時，九夷八蠻，各以方物來貢。成王時，大會成周，四夷作貢。貢之爲事，或以爲僅有外交上之關係，而不知卽爲通商之明徵。夫必邦交和睦，而後有貢；有特產物而後作貢；邦交既和睦矣，而又有特產物，有無之交易，自起於其間。蓋古先哲王，不以戎狄之稟性貪暴，而挫之以武力；又不以蠻夷之文化卑劣，而不屑與之交通。較之後世之閉關政策，排外主義，迴然不同者，可見一斑矣。

自秦始皇增築長城，立閉關政策之模範；命蒙恬北伐匈奴，爲專以武力對外之權輿。國外貿易，由是而不能發展。

漢高祖八年，死而呂后專政，禁與南越通商。出令曰：「毋予蠻夷外粤金鐵田器。馬牛羊卽予，予牡毋予牝。」南越王趙佗，卽以此爲藉口而反。蠻夷之失和，由於拒絕通商而起，恐出於後人意料之外。實則武帝馬邑之謀，破壞文景時代通商之和約，匈奴由此而屢入寇。閉關政策，抑若與專制政體，有連帶之關係者，可不謂奇歟？

儒家主張專制最力者也，而亦主張閉關政策。觀昭帝時賢良文學與御史大夫之辯論，可以知之矣。大夫曰：

夫中國一端之縵，得匈奴累金之物，而損敵國之用。是以贏驢馲駞，銜尾入塞；驒騱騵馬，盡爲我畜；鼲鼦狐貉，采旃文罽，充於外府；而璧玉、珊瑚、瑠璃，咸爲國之寶。是則外國之物內流，而利不外泄也。異物內流，則國用饒；利不外泄，則民用給矣。

文學曰：

今贏驢之用，不中牛馬之功；鼲貂旃罽，不益綿綈之實；美玉珊瑚，出於昆山；珠璣犀象，出於桂林；此距漢萬有餘里。計耕山之功，資財之費，是一物而售百倍。夫上好珍怪，則淫服下流；貴遠方之物，則貨財外充。是以王者不珍無用，以節其民；不受奇貨，以富其國。

大夫提倡通商，文學反對通商，卒之前者之說敗，而後者之說勝。是以專制之結果，勢必至於賤商；賤商之結果，勢必至於閉關。秦後二千餘年之歷史，幾無商業史之可述。一言以蔽之，曰重農輕商，閉關自守。如此之政策，不特與商業之自身有關，而其影響於我國之政治者至大且鉅。可分二方面而述之。

一　對內之影響　歐洲今日之立憲政治，淵源於中古時代之自治制度；中古時代城市之所以得自治者，以商人之金錢勢力，得鉗制君主之暴行爲故。君主欲得商人金錢之資助，而商人因之有政治之要求。歐洲中古時代之商人，擁有金錢之勢力；反之，農夫則不能爲經濟之獨立。由經濟上之自由，而獲得政治之自由，此歐洲中古之自由民，爲商人而非爲農夫也。亦惟自由民，始能產生自由之政府，此歐洲中古政治之革新，非爲鄉間之農夫，而爲城市中之商人也。試反觀之於我國。秦漢間之商人，或與罪人同視，或不得乘車衣絲，或重租，或不得爲官吏，或不得名田，已非爲自由民矣。農夫雖大都爲自由民，然終歲勞動，尙苦不給，無暇顧及國家之大事。若夫商人在社會上之地位，既爲世所鄙視，特出之人才，自不願出於其途。無論何種之職業，既無特出之人才，又不受政府之保護，其所經營之範圍，不能擴大，理之自然也。商人之地位既卑鄙，而營業又不發達，焉能攫得政治之勢力。是以秦後二千餘年之中國，無擁有資財之中等社會，崛起於其間，而監督政府造成開天闢地之大事業，為政治革命商業革命工業革命之原動力，若泰西諸國者，重農輕商之故也。

二　對外之影響　二三十年前，國人缺乏世界地理之智識，中國之外，不知有世界。五百年前之歐人亦然。所製之地圖，不見有亞美利加、澳大利亞與太平洋者。其足跡之所及，歐洲外，不過亞洲西部，非洲北部而已。迨哥崙布發現美洲，噶馬（Vasco da Gama）航行印度，麥志倫（Ferdinand Magellan）環繞地球——三大航路發現後，而後遊歷廣，見聞富，釀成今日之文明，遠拓海外之殖民地。然則試問三大航路發現之主動力為何乎？曰：歐亞通商之陸道，先後一一入土耳其人之掌握。土耳其人虐待歐商，課稅甚重。歐人以兵力不及，無可如何；惟思欲與東方通商，非發現新海道不可。於是冒險家始作長程之航行，而發現新地。一言以蔽之，為重商主義（Mercantilism）所激成而已。歐洲雖距海甚近；然苟不欲求得東方之航路，即濱西岸之大西洋，以為兇惡怪異之物所居處，杳渺絕無人跡。我國距海雖遠；然苟注重商業，則以戶口之繁殖，物產之豐富，必以亞東大陸之市場爲不足，而求殖民地於海外。秦徐福發童男女數千而入海也，爲求仙人而非擴張商業也。漢武遣張騫之通西域也，爲立武功，而非擴張商業也。唐玄奘義淨之通印度也，爲求佛經而非擴張商業也。苟歷二千餘年之久，驅舉國之人民，以徐福求仙人之熱心，張騫通西域之策略，玄奘義淨求佛經之眞誠，而經營國外之市場，則不特今日之日本，中央亞細亞、印度，當爲吾國之殖民地；卽今日之歐美，將受吾族商業勢力之支配，非過言也。乃考之事實，有不然者。以農立國，閉關自守，內足以自給，與世界無往來。至今日遠方異俗，涉重洋而至，闢商埠，設租界，門戶洞開，幾不足以自衞。雖原因不一，而重農輕商，一大原因也。

第十七章　中國之商業　下

吾人所當注意者，中國本爲天然之商業國；惟以重農輕商，而商業不發達。又其鄰國，類皆小邦，其物產稀少，文化卑劣，不足以激刺中國之商業。雖與日本印度交通，然宗教上文化上之關係多，而商業上之關係甚少。雖漢代有羅馬之通商，直至回教之勃興而止；然無甚影響。雖唐代亞剌伯之通商，已具近世通商之雛形，（詳見清華學報第三卷第二期拙著唐代商業之特點；）然不久中斷。雖元代有馬哥博羅輩之東遊，然其時之歐洲，卽物質上之文化，多不及中國（參考F. L. Hawks Pott: A Sketch of Chinese History, second edition, p. 88），不能促吾人之反省。必待近世之歐洲國家起而與之接觸，始形成今日外交上，商業上，工業上，宗教上，政治上，教育上，社會上及其他一切五花八門之重大變化；而其所由起，則由於通商。蓋中西文化不同之點極多：一則重農輕商，其結果則閉關自守；一則重商輕農（參考本書第一章），其結果則開拓殖民地，闢市場於海外。卽由此不同之點，而二者發生激烈之衝突。試述之於下。

第一節　無條約時代之通商

一　西人之東漸

一　葡人之通商　西洋國家中，初來要求通商者，爲葡萄牙人。葡人首先發現印度航路，佔據滿剌加（Malacca）後之六年，卽一五一七年，率一艦隊至廣東省上川島（St. John's Island），受廣州地方官吏之歡迎而得通商；但以搶刼擄掠，卒遭驅逐。乃轉而至福州、廈門、寧波通商；但同以犯不法行爲而遭土人之驅逐。乃轉而至澳門。一五三七年，明在澳門設官收稅。至一八四九年，葡人停付年租，驅逐中國官吏於島外；但中國終不承認葡之主權。直至一八八七年，清廷與葡結約，始允割讓澳門。澳門在十八世紀之全部，與十九世紀之一部，爲中西通商極重要之市場；至一八四二年，香港割讓於英而始衰落。

二　西班牙之通商　其次至中國要求通商者，爲西班牙人。西人於一五四三年，克取斐立濱羣島（Philippines）。一五七五年，二西僧至廣州欲來傳教；但其時明吏鑒於葡人之經驗，不欲與西洋國家多有交涉。一五〇〇年，斐立二世遣使至北京而不納。

西班牙之通商雖不得中國政府之承認；然人民踴躍爲之，而以閩商爲尤甚。蓋廈門、泉州、福州之慣與馬尼拉（Manila）貿易者已久。迄後中國人民，在斐立濱增加甚速。至一六〇三年，西人懼華人之勢力太大，殺戮之惟恐不盡。二萬僑民，幸得逃生者，爲數無幾云。然華人仍擁至斐立濱陸續不絕，以西人自墨西哥可得銀甚多，力足以購買中國之進口貨也。不久中國人數又增加，至一六三九年，共計三萬三千人。西人又作第二次之殺戮，僑民三分之二，死於此云。西人暴虐若斯，中國自不願與之通商。

三　荷蘭之通商　次於西班牙而要求通商者爲荷蘭。荷蘭自脫離西班牙羈軛之後，思與葡萄牙競爭而博得中國之商業。然攻擊澳門而大敗（一六二二年），佔據澎湖羣島而被驅逐。後以一六六三年，助淸廷克取廈門（鄭成功之根據地）而得通商於福建海岸者，經一世紀之久。至一七六二年，始決計在廣州通商。

葡萄牙、西班牙、荷蘭，雖在西洋商業史中，皆所謂一時之商業國；然無正當之商業政策。如葡人在中國沿海岸之刼掠，西人在馬尼拉之殺戮，激中國官吏之反感。荷蘭雖爲商業國民，然物產稀少，無製造品，在福建海岸所經營之商業，範圍不大。且三國皆兵力薄弱，中國足以抵抗之而有餘。故欲逼迫中國通商，非商業上，工業上，軍事上之實力皆充足，如英國者不可。

四　英國之通商　一六一四年，英國印度公司，設法欲與中國直接通商；然與荷蘭東印度公司有利害之衝突。二國政府，於一六一九年，結保守同盟之約；然荷蘭佔據澎湖羣島之後，壟斷商業，不欲使英國染指。一六三七年，英人欲在澳門通商，澳門爲葡人所佔據，葡人置之不理。乃轉而至廣州，葡人又從中阻撓。英人不得在澳門廣州通商，乃轉而注意於福建。一六七〇年，與鄭成功之子結約，通商於福建與廈門之間。但一六八三年，台灣爲清廷所克勝而又停止，英人又轉而至廣州；但以受葡人之排斥，一六八四年以前，終不得與廣州通商。至一六八五年，康熙上諭開中國各海港，外人皆得通商，而英人乃乘機在廣州，設一代理公司（Factory）。至一七五七年乾隆上諭，嚴禁對外通商，惟僅限於廣州一處。

二　廣州貿易時代之狀況

中國政府，素以通商無關重要，僅委任僻遠官吏辦理其事，而力求避免與外國發生直接之關係；但地方官吏，往往以地方或個人之利害爲本位，而不顧大局，致釀成全國之禍患。廣州貿易之結果，其例也。

廣州貿易之情形，可得而概括之如左：

一　粵海關監督　唐代廣東設有市舶司，以掌外國貿易。清廷於一七〇二年，始任命粵海關監督，卽外人所謂 Hoppo（Hoppo 之語原有謂卽戶部之代表者，Hoppo（Hoo-poo），與戶部之發音甚似，殆可信者是也。）中國自古凡占居與外國貿易有關係之官吏，致富發財之機會頗多；尤以粵海關監督，爲全國最優肥缺。北京內務部，常用滿人任此缺。其收入之一部分，送交宮廷。督撫以下大小官員，均沾餘潤；惟不如監督自身收入之多耳。因此之故，凡有願得此缺之人，須對宮中善於運動，並須有巨萬賄賂，然後可。既得此缺之後，若更欲連任，又不得不分肥於各方面。通例任期三年。任期中極易積蓄貲財，一生受用有餘。卽此事觀之，廣東貿易時代稅吏之腐敗，與商民所受之誅求如何苛酷，亦可推測而知矣。（見李達譯日本高柳松一郎所著中國關稅制度論十二頁。）

二　行商制度　行商（Co-Hong）制度，蓋起於一七二〇年。初爲土商之一種私人組織，以定物價；但不久卽得政府之承認，後變爲政府之機關。此等商人，組成一種之公所。同行之人數，初爲十二人，後爲十三人，壟斷與洋商貿易之權利。須由粵海關監督選派，而始得爲行商。聞有出銀二萬兩而始得選派者其所行之職務如左：

一　任何外商欲在廣州貿易，必得此十三行商中之一人，爲之擔保而後可。欲售出進口貨，或欲購入出口貨，必須向彼賣買而後可。故賣買之價爲彼所定，而得上下其手。

二　外國貿易之進出口稅，由行商支付；而行商則自外國貿易，征從價稅百分之三以作支付進出口稅之用，並作爲公所之公款，以支付同行所負各種之債務罰款損失等。至行商對於外商所負之債，亦作共同之擔保。

三　爲政府與外商之中間人。政府之命令，外商之稟帖，必先經過若輩之手。外商之遵守通商規則與否，惟行商是問。

由此觀之，行商不特負有商業上之職務，且負有外交上或政治上之職務，但無實權。苟外商不遵守規則，行商亦無法使之遵守，計惟有斷絕貿易以恐嚇而已。但如此之恐嚇，往往發生效力；而後日外商亦倣傚之，以抵抗地方官吏之苛稅。

三　代理公司　行商爲中國方面之代表，而外商則有代理公司（factories）爲之代表；行商爲中國之壟斷機關，而代理公司爲外商之壟斷機關。代理公司有十三，以代表十餘國之商務利益。（十三代理公司之數，與十三行商之數無關係。）當時歐洲國家之遠東商業各爲東印度公司(East India Company)所經營，而以英國東印度公司爲尤著。英國東印度公司，受政府之特許，壟斷中英間之商業。欲保存其完全之利益，乃於廣州設立一代理公司，所謂 factory 者是已。Factory 者，代理商之公事房與住宅之謂也；但爲行商之產業，以全部份或一部份租之於外商。外商之在廣州，無行動之自由，其足跡幾僅限於代理公司之內。

四　船鈔及雜費　外商往粵貿易，必須寄泊澳門。入港之時，雇一領港人，須付一百五十元；又雇一通譯，須付一百七十五元，至二百五十元。在此地或至黃埔時，雇一買辦，須付五十元至二百十六元，與以採辦貨食之特權，受種種之剝削，又無權限制之。再至虎門，候稅關吏量船，照章繳納船鈔(measurement fees)，方許歸泊黃埔，開始起貨。但其中所經之時間，通常須三月之久；而所用之雜費，常不在少數云。

船舶以大小分爲三等。每一單位，（單位之數，以前檣到後檣之長，乘中檣之闊，以十除之，卽得,)一等船課船鈔七兩七錢七分七釐,二等船課七兩一錢四分二釐,三等船課五兩。依此算法,一八一〇年時之進口船舶,長 79.9 cubits (共計九十七英尺四英寸),寬 25.5 cubits (共計三十一英尺一英寸)之一等船,應徵收正稅一千三百八十七兩二錢八分三釐;加之以附加稅,雜課,手續費等,共計合徵三千二百七十八兩四錢六分三釐。設外來之船舶,不入黃埔而在澳門起貨,則其所付之船鈔,等於入泊黃埔之半數;但每船須付行商銀二千五百二十兩,作爲在彼管轄範圍以外通商自由之特別費。故當時之船鈔,直可視爲船貨並徵之全部進出口稅,與現今之噸稅,完全不同(參考 H. B. Morse, The International Relations of the Chinese Empire, pp. 77–78)。

有人計算一等船因繳納船鈔直接間接之費用,其數如左:

3250兩	船鈔
1050	在黃埔三個月之費用
200	三個月烟酒等費

共4500兩

吾人又當知者，此外又有進出口貨之關稅。惟此關稅由行商代付，外商納貨價百分之三於行商公所之後，卽已了事。其納稅額由行商與海關監督協定，實數幾何，無從推測。

要而言之，外商因通商之故，所付之船鈔關稅雜費等甚形繁重，而毫無報酬。浮標、燈臺、碼頭等航海之設備，全不辦理。及至廣州，不得行至城市，調查中外貨物之情狀，詢問物價之漲落。

然在如此通商情形之下，而外商仍能獲極大之利。故葡萄牙欲壟斷遠東之通商，竭力排斥異己。但英國終以僅僅廣州之貿易，不足擴展其商務。一七九二年，與一八一六年，二次特派大使來北京，要求解放通商之束縛，皆失望而歸。

但英國非可與葡萄牙、西班牙、荷蘭等視。雖葡、西、荷在當時亦爲商業國；然無所謂近世之工業。近世之工業，起於英國。英在十八世紀之末，工業革命已告完成。不特製造之方法，爲之一新；而戰爭之器械，亦爲之一新。況其時印度早已在握；而又克勝拿破崙，以表明其優勝之地位，豈願受東方老大帝國通商之束縛？且工業革命，有推廣市場之必要，於是一八三四年，在本國首先廢止東印度公司之獨佔權；同時欲在中國廢止行商之獨佔權，並不平等之待遇，於是鴉片戰爭以起。

三　鴉片戰爭之原因

鴉片在八世紀時，始見於中國之記載，相傳爲亞剌伯人所引入，作醫藥之用。其次則明末之書籍，有言之者。一七二九年即雍正七年，始有禁止鴉片之法令；然此年鴉片之輸入，尙在二百箱以下，皆爲葡商所經營。葡萄牙之壟斷此業，直至一七七三年而止。自此年起，英人亦參與此業。初則英國私人爲之，至一七八〇年爲英國東印度公司所獨佔。貿易之進步異常迅速：每年增加二十箱至一七六七年，每年輸入之總數在一千箱以上。至一七九六年，只廣州一處，輸入至一、〇七〇箱之多。十九世紀最初之十一年，每年平均輸入四、〇一六箱；一八一一年至一八二一年，每年平均四、四九四箱；一八二一年至一八二八年，每年平均八、〇四三箱；一八二八年至一八三五年，每年平均一八、八三四箱；一八三五年至一八三九年，增加至三〇、〇〇〇以上。

一八〇〇年（嘉慶二年）上諭嚴禁內地種罌粟與外藥進口，鴉片宣告爲禁止品 (article of contraband)；但不特不發生效力，且適以促進偷運，而增加輸入，有如上節之所述。若斯不法營業之發達，半由於英國印度政府獎勵鴉片之生產，可得極大之收入；半由於英商之善於偷運，以此爲致富之捷徑。相傳英國印度政府在一八三〇年後之十年間，輸出鴉片於中國，每年平均收入在一百萬與一百五十萬金鎊之間；以鴉片爲營業之一商鋪，二十年中積蓄三百萬金鎊云。

當一八三〇年之前，中國與西洋貿易往往輸出多於輸入。歐洲商人，不得不運入西班牙洋(Spanish dollars)，以購買茶絲。徹十八世紀，進口貨尚不値出口貨三分之一。一七三〇年以後之一百三十年內，銀之流入於廣州者，約在九〇、〇〇〇、〇〇〇與一〇〇、〇〇〇、〇〇〇金鎊之間。蓋其時歐洲之商品，爲華人所需要者甚少。英之毛織物，雖虧本出售，而銷途仍甚有限。棉織物之銷途亦小，進口者尚不及出口者之多。惟鴉片則爲中國人所容納，爲數多而增加速。故由鴉片輸入之增進，西洋商人之來華貿易，不特出入足以相抵；且至一八三一年，中國之銀反流出於西洋。

且鴉片易於銷售，立時可得「現錢」“spot cask”，以爲購買茶絲之資本，是爲當時此種貿易之特性。其在正當之貿易貨物以信用(credit)銷售於「行商」而不能得「現錢」，至於鴉片之不法貿易僅以樣本示華商，可預定貨物而得現錢；故外商視爲極便利之營業，竭力推廣。所可惡者，雖有禁止鴉片之勅令；而地方官吏並不實行，且從中取利，暗得賄賂。

一八三六年，（道光十六年）清廷討論鴉片問題之利害。卒以因鴉片之輸入，銀之流溢於外洋者太多，宣宗乃命林則徐至粵，嚴禁鴉片。一八三九年，林則徐至粵，將英商鴉片二萬餘箱，悉數投海。幷訂鴉片新例：凡運入或出售或種或製鴉片者，處以死或徒刑；吃鴉片者，苟不於十八月內禁戒，處以絞刑。至於外人，凡入口商船，均須具結。夾帶鴉片者，船貨入官，人卽正法。美法葡等國，均願具結，惟英人不願。林則徐絕其糧食，戰機遂發。結果清廷屈服，而有一八四二年（道光二十二年）江寧條約之締結。

第二節　不平等條約之締結

一　最惠國待遇

自有鴉片戰爭，而強迫之戰爭，陸續不絕。每次戰爭後，又被強迫而結喪失權利之條約。一八五六年，以挨羅（Arrow）號船之旗籍問題，與英齟齬；同時廣西有殺害法國教士事件之發生，而有第一次英法聯軍之入寇。其結果則有天津條約之締結（一八五六年，卽咸豐十年。）天津條約未簽字而又有第二次英法聯軍之入寇，其結果則有北京條約之締結（一八六〇年，卽咸豐十一年。）以朝鮮問題而有中日戰爭，其結果則有馬關和約之締結。以拳匪之禍，而有辛丑和約之締結（一九〇一年。）其他非以戰爭而所結喪失權利之條約甚多，無暇詳述於此。

當締結江寧條約之時，英人有以爲中英間之糾紛可以二條件解決之：（一）割讓香港，（二）最惠國待遇 (most-favored-nation treatment)。所謂最惠國待遇者，卽無論何種權利，異日爲中國所允許於他國者，結約國亦有享受之權利。江寧條約，無最惠國待遇之字樣；但自一八四三年（卽江寧條約之翌年）起，外人與中國所結之條約，均含有片惠而無條件的最惠國條款。江寧條約後，中國不能閉關自守，門戶開放。其他各國，若美、法、俄、瑞典、挪威、葡、普魯士、荷蘭、丹麥、西班牙、比、意、奧，當一八七〇年時，先後已與中國結約；而日本爲最後，在一八七一年。十四國所結之通商條約，以含有最惠國條件之故，此結約國新得之通商權利，卽爲其餘條約國所得享受，故可視爲彼此相聯之條約觀。

二　割地租借地商埠輪船泊埠

自鴉片戰爭後，中國所失之地甚多：香港、緬甸割於英；越南割於法；黑龍江北境，烏蘇里江以東之地讓於俄；澳門割於葡；台灣、朝鮮割於日本。當時世界列強以爲中國瓜分之日已至。一八九八年（光緒二十四年），德租膠州灣，俄租旅順、大連，英租九龍、威海衞，法租廣州灣。由是世界列強，不啻與中國之疆界毗連，以實行其商業與他種侵略之政策；而又有迫開商埠，以深入內地。

鴉片戰爭停後，英人所定之草約，本分爲二案：第一案以香港割讓五口通商爲主；第二案以全國開放而制定公平之關稅爲主。二案任淸廷選擇，淸廷採納第一案，而不願全國開放。於是香港永遠割讓外，又開廣州、廈門、福州、寧波、上海爲商埠。但嗣後所結之條約，往往有復開商埠之要求；然商埠亦有出於中國政府自己之意志而開者。在一八七〇年之前，所開之商埠，或在海岸，或在江河之旁；以後所開之商埠，或有在極遠之內地者。故商埠情形不同，但得一言以蔽之曰：商埠者，條約國得設領事館，外商可享受居住及通商之權利。故商埠之多少，足以估計外國貿易與外人進行內地之程度。據民國十一年四月調査，商埠總數凡九十七：自開者二十七處，由條約而開者七十處。而後者之中，爲英所開者最多，共二十八處；日本次之，共二十四處。佔有最多商埠之區域，奉天十三，吉林十，廣東九，江蘇七，最少者江西、河南、甘肅各一，若貴州、陝西、青海等，則無商埠。

有半開商埠之性質者，輪船泊埠 (ports of call) 是已。外商不得在此居住或開店或設堆棧 (warehouse)；惟爲外國公司所有之輪船，可停泊於此，或搭客上貨，或祇限於搭客。輪船泊埠在揚子江流域者凡九，在西江流域者凡二十五。商埠與輪船泊埠之制度，皆創自英人；至日人之馬關條約，更進一步。

(1) 日本人民，得在各種通商口岸，自由經營各種之製造，僅付條約所定進口稅，卽可輸入各種之機器。前者外人在商埠，僅得通商之權利，今則兼得製造之權利；而用以製造之機器所納之稅，又得條約上之保護。

(2) 日本人民在中國內地購買貨物，或運輸進口貨於中國內地，有租堆棧以聚藏此等貨物之權利。此等權利，照一八七六年（光緒二年）中英煙臺條約，外人之輪船泊埠，尙無之者；今則遍中國內地，外人皆有之，而不納付任何種之稅或需索 (exactions) 矣。

三　關稅與子口稅

鴉片戰爭後，英人所要求之草約，本分爲香港割讓，五口通商，與全國通放制定關稅二案；但當時英之全權公使，以關稅爲通商全部之關鎖，乃以制定公平關稅，與第一案並提，竟得清廷之允納。但江寧條約，並無稅率應由兩國協定之條文。至次年（一八四三年）中英所議定之五港通商章程，始見進出口稅，以值百抽五爲原則之條文。但條約上對於進出口稅之訂定，亦稍有區別：進口稅值百抽五，出口稅不得過值百抽五，是出口稅之稅率本可少於百五；然以進口稅率，爲條約所限制，不能增加，政府欲得更多之收入，故於出口貨，不得不征值百抽五之最高稅率。且名義上雖爲值百抽五之從價稅，而事實上爲從量稅。蓋多數與重要之貨物，列於稅則表上，——某貨每擔（picul）課稅若干，某物每斤課稅若干，——其總稅則表上未經揭載之貨物，始一切值百抽五。故以從量稅爲主，從價稅爲輔。

以中國與十四國所結之通商條約，皆有最惠國待遇之條件，故用同一之稅則。苟欲修改關稅，必得十四國全體之贊成而後可；但此殆爲不可能之事實。其結果也，自一八四三年七月之中英通商章程，訂定值百抽五之稅率起，至一九二六年，八十餘載，未曾增加稅率；而稅則表之修正僅四次，切實之稅率，往往在值百抽四以下，爲世界關稅最低之稅率。

此海路通商之稅率也。至於陸路通商之稅率，更輕於此。中俄陸路通商之進口稅按照各國稅則三分減一；中法安南陸路通商與中英滇緬陸路通商，進口稅按照稅則減十分之三，出口稅減十分之四；中日南滿陸路通商，由安奉鐵路運輸之出入貨物，按照稅則減三分之一，是則輕而又輕者矣。

不特關稅受條約之限制，而通過稅亦受條約之限制。釐稅阻止國內貨物之流通，爲一種之萬惡稅。起於何時，各說不同；然在江寧條約之後，則爲事實。（一般人信釐稅起於洪楊亂時，咸豐三年，太常寺卿雷以諴於江北仙女鎮倡辦釐捐之時。時在一八五三年，後於江寧條約十一年，百五關稅實行五十年。）蓋以一八五〇年太平亂起後，繼以捻匪回民之亂，中國大部，盡成焦土，政府所賴之地租，遂大減少。其歲收只三分之一者，至數年之久；鹽稅往往拖欠，其他之稅，亦復類是。關稅自一八六〇年至一八六五年之間，全數五分之二，入於英法二國，作爲賠款。夫田賦鹽稅之伸縮力本不及關稅。前二種之稅，在咸同間，或增加數倍，或增加十餘倍（參考胡鈞中國財政史三百四十八——九頁）已無可增加而關稅則僅值百抽五，大有增加之餘地。苟可增加，則當時可不採用釐稅；卽採用矣，亦可以增加關稅而裁撤。則釐稅之禍，何至貽於今日？至今日以關稅不能增加而釐稅可以隨時增加，增加愈重，而積弊難返。溯厥禍源，未始非由於關稅受條約束縛之故也。

雖然，釐稅僅華人受其害，而洋商則否；卽受害矣，比較的極輕。蓋釐稅受條約之限制有如左：

（甲）　子口稅

（a）外人爲欲銷售其貨物起見，照天津條約，凡進口洋貨，由通商地運至內地，除納百五之進口正稅外，納二・五之子口半稅，卽可免一切之通過稅。

（b）外人爲欲在中國購買原料起見，照天津條約，凡出口土貨，由內地運至通商地，除納百五之出口正稅外，納二・五之子口半稅，卽可免一切之通過稅。

（乙）　沿岸貿易稅　外人爲欲保護汽船之沿岸貿易權起見，照習慣，凡出口貨物，不分貿易之內外，自此通商口岸出口時，課出口稅，或曰沿岸移出稅；復進他通商口岸時，課復進口半稅，或曰沿岸移入稅。前者之稅率，與出口稅同；後者之稅率，爲前者之半。

（丙）免稅

（a）通商地內，不得課釐金。

（b）外國進口貨，於通商口岸完納進口稅後，輸送於他口岸，不得重行課稅。

（c）由一通商口岸經過他通商口岸，而輸出國外之土貨，僅納出口稅一次，不得重課他稅。

雖上所述半稅免稅之權利，華商與洋商同能享受；但實際上所享受者爲洋商，自不待言。上所述之免稅，惟通商口岸則能享受；反之，而在內地須課釐金，如是而內地貿易，不能與進出貨之外國貿易相競爭，亦不待言。至於外國貿易之進出口貨所付之子口半稅，與內地貿易之土貨所付之釐金，孰多孰少，試一一比較如左：

一　短距離輸送所出之釐金，或不當百分之二·五；但恐如此之例甚少。釐金稅率各省不同，大概於起運地釐局徵百分之三，以後經過查驗釐局，每局征百分之二。故通常而論，卽短距離之釐金，必多於子口稅。

二　長距離更不待言。釐金一省征數或至什一，若經過數省，或至百分之二十，或竟至百分之二十五；若經過之省分過多，恐所征之多，有非物價所能負擔者。而外國貿易之進出口貨，在海關付子口半稅之單一稅外，可以直達中國之任何部分。故通常而論，洋商所付關稅子口稅之總數，（卽百分之七·五），遠少於華商所付之釐金。

因上所述之理由，在日本之紗廠自中國所得之棉花，較中國之紗廠，自內地所得者價更賤。日商所付棉花之稅，爲銀三錢五分者；而華商須付五錢二分五釐。（參考 Julean Arnold, Commercial Handbook of China, 1920 edition, p. 78)。故我國之關稅，以子口稅之制度，優待洋商而薄待華商，是爲最大缺點。

四　領事裁判權

當外人初至廣東之時，無治外法權。其在澳門，卽一歐人殺他一歐人，葡萄牙不得裁判。一七五四年，一法人在黃埔殺一英水手，爲中國法庭所審理。一七七三年，一英人在澳門殺一中國人被控，葡萄牙交於中國，重審處死。七年之後，一法人以殺一葡人處絞刑。

治外法權，江寧條約雖已言及之，然甚空汎；至一八四四年，中美結約而始有明白之規定。其初吾國雖失治理外人之權，然仍不失治理本國人民之權。繼則有華洋會審之規定；後則定為一方承審，一方觀審；終則觀審之權限，亦有精密之規定。初則僅與外人有關之案件，領事有會審之權；繼則純粹華人間之訴訟，領事亦有會審之權。喪失主權，莫此為甚。但外人以領事裁判權，為僑華洋商生活之根據。例如各國在條約上雖得有權利，若無保障之法律，則亦無所用之；又如若關稅之爭議發生，洋商若任華官專橫處置，而無救濟之法權，則關稅之協定，徒紙上空談而已。

雖然，治外法權外商因受其利；而華人則大受其害：（一）苟外人不遵關稅規則，非得領事之協助，不得勵行。（二）洋商往往有假營業為名，欺人詐財，遠颺而去，外國法律不審查，中國法律又所不及。（三）中國奸商，常有與外人通謀，以其店鋪與船舶，登入外籍，藉外國法律之保護，或避應納之租稅，或圖非分之獲利。（四）租界以有治外法權，故而為逋逃藪；叛徒禍首，往往逃往租界，以待時機。近年來中國之政潮與內亂，受租界之影響者不少。（五）曩時租界，尚以能維持治安著；但近年來上海押票之案，層見迭出，且賊匪以此爲根據地。(六)偷運鴉片，獲利甚大。奸商在上海，與外人狼狽爲奸，經營此業，爲世人所知。(七)外人在商埠開設工廠，與工人有衝突，中國官吏無從處置，往往釀成工潮。五卅案件，爲最顯著之例。

五　內河航行權

內河航行權，不見於明文，惟與美法所結之天津條約，(天津條約，爲第一次英法聯軍之結果。俄美雖未直接加入戰爭，但同時亦得與中國結天津條約)有云：「船長欲卸其船貨之一部分於一商港，付此一部分之稅即得，並可運載其餘之一部分於他商港」而已。江寧條約所開之商港：廣東、廈門、福州、寧波、上海，皆在沿海岸；天津條約所開之商港，如鎭江、南京、漢口、九江等，則在內河。故外人在內河航行，必自天津條約始。然最初外人航行內河，想僅搭外人與載外國之進口貨出洋之土貨而已；迨煙台條約，開揚子江沿岸之大通、安慶、湖口、武穴、陸溪口、沙市等地，准輪船停泊，客商貨物起卸，於是外船與土船競爭航運之營業矣。汽船航駛速度甚快，可免刼掠，而又不至沉沒，故其勢力足以排除土船代之而興。天津條約後，不久而懸洋旗之汽船，往返於揚子江與沿海岸，自不足怪。

汽船在沿海岸沿河所運之貨物，如何課稅，亦無條約之明文；惟習慣而有沿岸貿易稅（coasting trade）（所謂沿岸者，沿海岸與沿內河並指）之制度。以汽船由一商港出發之時，所載貨物之目的地，無從確定；但以出口論，故征通常之出口稅。及至第二商港，征進口貨之半稅，作為子口稅；蓋若在陸地運輸，必須付子口稅也。貨物若為汽船所運載，無論屬於國內或國外貿易，皆課此稅，與土船之課常關稅或釐稅者，負擔輕，而土船更不能與汽船競爭矣。

但英國仍恐中國減少航船貿易之課征，以抵制汽船貿易。故一九〇二年（光緒二十八年）之馬凱條約第八款第三節訂定：凡民航各船，出入通商口岸裝載之貨，所納稅項，不得少於輪船裝載同類之貨所納進口正稅，以及加稅之總數。

其實帆船在沿海各地所付之貨物稅，正稅以外，更附徵各種雜課與手續費，往往在汽船所付之上；即無馬凱條約之規定，決無振興之望，而所以日趨衰敗也。

外國商船航行內河，猶有條約之根據；而兵船航行內河，則出乎條約之外。外國商船可航行之內河，本僅限於通商口岸；至航行於無通商口岸之內河，則出乎條約之外矣。汽船貿易之特權，雖吾國公司，亦得享受，招商局亦為在中國四大輪船公司之一；然不如英之怡和太古日之日清，有條約上之保護。國內一有戰爭，軍人可以任意徵發。以江西戰爭之結果而招商局有不能航行之宣告，此為中國航運業不能發達之鐵證。

六　外國銀行

洋商得在租界營業，故在商埠開銀行。一八四五年，英國東洋銀行首先在香港設支行。其次則為麥加利銀行，一八五三年，成立於香港；一八五七年，在上海設支行。匯豐銀行，一八六四年，成立於香港；後三年在上海設支行。甲午戰爭後，日本之正金銀行，英國之有利銀行，俄國之道勝銀行，法國之東方匯理銀行，德國之德華銀行，相繼起於上海。庚子議和後，美國之花旗銀行，比國之華比銀行，荷蘭之荷蘭銀行，日本之台灣銀行，法國之中法實業銀行，先後成立。此等外國銀行：

(1) 協助其本國在華貿易之發展，自不待言。

(2) 含有帝國主義之作用。其本國政府或私人作政治或實業借款於中國時為經理之機關或直接借款於中政府。

（3）在華往往得發鈔票，以吸收資財。往時信用，遠在華銀行鈔票之上。

（4）華人以外國銀行，在租界可免搶掠，且不受政潮影響，甚願存款於彼。

（5）以前條之原因，華人之珍貴、文書、契票、證券等，多有存在於外國銀行之保險箱中。

（6）或保管關款，或保管鹽款，或支付賠款，卽所謂「中央銀行」之華銀行，亦不得染指。

（7）以資本雄厚，中國銀號或銀行，往往向之存款或借款。取於華商之款，則出二釐或三釐之息；借於華商之款，則得八釐或一分之息。同爲中政府之款，爲中政府保管，則出二釐之息；借於中政府，則得一分或多於一分之息，且有可得分外之利權。其他外人在中國設立郵政局，建樹電線，承造鐵路，開辦礦業等，無暇詳述於此。

第三節　外國貿易之特徵

西洋之強迫通商，影響於中國之經濟狀況若何，非從國內外貿易二者並觀，無從判斷。但以國內貿易之情形，無統計可查，是爲遺憾；而國外貿易，則以有海關報告，可爲考證之資。且國外貿易，有外國之進口貨，亦有本國之出口貨。出口貨如何？亦可以知本國經濟狀況。故西洋各國，往往以國外貿易之盛衰，言商業之消長。今本此旨而考察中國對外貿易之特徵有如左：

一　進出口貨之增加甚速

中國對外貿易之最足惹人注意者，則增加甚速是已。觀下表即知之。

年別	進口貨	出口貨
一八六四年	五一、二九三、五七八關兩	五四、〇〇六、五〇九關兩
一八七四	六四、三六〇、八六四	六六、七一二、八六八
一八八四	七二、七六〇、七五八	六七、一四七、六八〇
一八九四	一六二、一〇二、九一一	一二八、一〇四、五二二
一九〇四	三四四、〇六〇、六〇八	二三九、四八六、六八三
一九一四	五六九、二四一、三八二	三五六、二二六、六二九

一九一八	五五四、四九三、〇八二	四八五、八八三、〇三一
一九一九	六四六、九九七、六八一	六三〇、八〇九、四一一
一九二〇	七六二、二五〇、二三〇	五四一、六三一、三〇〇
一九二一	九〇六、一二三、四三九	六〇一、二五五、五三七
一九二二	九四五、〇四九、六五〇	六五四、八九一、九三三
一九二三	九二三、四〇二、八八七	七五二、九一七、四一六
一九二四	一、〇一八、二一〇、六七七	七七一、七八四、四六八

合觀一八六四年後之進出口貨統計，其初出口貨多於進口貨，雖自一八七八年後出口貨較進口貨反少；然仍增加而無已。幾可謂與進口貨並駕而齊驅。

所可怪者，以近年之內訌，如此之繁劇，而國外貿易之進步仍甚大。予之解釋有二：（一）國內貿易雖受戰爭之影響；但國外貿易，以有條約之保護，故外界之影響，不足變更其趨勢。（二）以中國人口之衆，物產之富，民力之勤，現今之貿易範圍，尚嫌過小；若無戰爭當更大。

二　出口貨爲農產品進口貨爲製造品

進出口貨之物品爲何？即可證明一國之經濟程度。試列民國十二年之進出口貨如左：

民國十二年出口貨表（以關兩爲單位）

貨品	輸出價額	對輸出總額百分比例
生絲及絲織品	一七〇、〇〇〇、〇〇〇	二三・〇
荳、荳餅及荳油	一二七、四〇〇、〇〇〇	一五・〇
棉花	三二、六〇〇、〇〇〇	四・〇
雞蛋	二九、六〇〇、〇〇〇	四・〇
茶	二三、〇〇〇、〇〇〇	三・〇
木材	二〇、七〇〇、〇〇〇	三・〇

煤	二〇、三〇〇、〇〇〇	三・〇
生皮及皮貨	一九、一〇〇、〇〇〇	二・五
花生及花生油	一八、〇〇〇、〇〇〇	二・五
桐油	一七、五〇〇、〇〇〇	二・五
羊毛	一二、九〇〇、〇〇〇	一・五
芝蔴	一二、二〇〇、〇〇〇	一・五
小米及高粱	一二、〇〇〇、〇〇〇	一・五
生鐵及鐵礦砂	八、八〇〇、〇〇五	一・〇
猪鬃	七、八五〇、〇〇〇	一・〇
錫塊	八、〇〇〇、〇〇〇	一・〇

其餘出口貨，不及總值百分之一者，概從略。

民國十二年進口貨表(以關兩爲單位)

貨品	進口價額	對進口總額百分比例
棉織品	一三二、〇〇〇、〇〇〇	一四・〇
米	九八、〇〇〇、〇〇〇	一〇・五
煤油	五八、〇〇〇、〇〇〇	六・〇
棉花	五四、〇〇〇、〇〇〇	六・〇
糖	五〇、〇〇〇、〇〇〇	五・五
棉紗	四二、〇〇〇、〇〇〇	四・五
紙烟及烟草	四一、〇〇〇、〇〇〇	四・五
金類	四一、〇〇〇、〇〇〇	四・五
機器	三五、七〇〇、〇〇〇	四・〇

雜糧粉	二七、二〇〇、〇〇〇	三・〇
海味	二五、〇〇〇、〇〇〇	三・〇
染料	二二、一〇〇、〇〇〇	二・五
絨貨	一九、〇〇〇、〇〇〇	二・〇
紙	一六、六〇〇、〇〇〇	二・〇
煤	一三、〇〇〇、〇〇〇	一・五
衣服及帽	一二、八〇〇、〇〇〇	一・五
木材	九、六〇〇、〇〇〇	一・〇
麥	九、一〇〇、〇〇〇	一・〇
鐵路材料	九、〇〇〇、〇〇〇	一・〇

其餘進口貨，不及總值百分之一者，概從略。

細察以上之進出口貨，其足使吾人注意者：

（1）絲茶本爲中國天然擅長之出品，絲仍居首位，而茶已降爲第五位；棉花則在茶之上，而爲第三位。

（2）荳與荳餅，向爲違禁品；自一八六九年弛禁後，現佔出口貨之第二位。

（3）雞蛋佔出口貨之第四位。

（4）出口貨既皆爲動植品，而礦物則甚少。

（5）中國本爲產米之國，今則進口貨之第二位爲米。

（6）初與西人通商之時，棉織品出口；今則佔進口貨之第一位。

（7）棉織品佔進口貨之第一位，而棉花佔出口貨之第三位。

（8）棉織品佔進口貨之第一位，而絨貨不過佔進口貨之第十三位。

（9）進口之絨貨爲一九、〇〇〇、〇〇〇關兩，出口之羊毛爲一二、九〇〇、〇〇〇，相差不多。

（10）糖，即在一八八七年之時，出口多於進口；今則佔進口貨之第五位。烟草前亦出口，今與紙烟佔進口貨之第七位。

（11）機器與鐵路材料，亦佔進口貨中重要之位置，似有漸趨於工業化之傾嚮。

但就全部觀之，出口貨大都爲農產品，進口貨大都爲製造品。

三　入超

我國每年所付外國之賠款極大，因作此種之支付，宜乎出口貨多於進口貨矣。但是一八三一年後，進口貨往往多於出口貨。試將最近數十年間入超之統計列於左（以關兩爲單位）。

年別	輸入額	輸出額	入超額
一八八〇	七九、二九三、四五二	七七、八八三、五八七	一、四〇九、八六六
一八九〇	一二七、〇九三、四八一	八七、一四四、四八〇	三九、九四九、〇〇一
一九〇〇	二一一、〇七〇、四二二	一五八、九九六、七五二	五二、〇七三、六六九

一九一〇	四六二、九六四、八九四	三八〇、八三三、三二八	八二、一三一、五六六
一九二〇	七六二、二五〇、二三〇	五四一、六三一、三〇〇	二二〇、六一八、九三〇
一九二三	九二三、四〇二、八八七	七五二、九一七、四一六	一七〇、四八五、四七一

一八八七年前之入超，通常在二百萬與七百萬關兩之間；一九二一年時，至三億五百萬關兩之多。然此入超如何彌補雖無確實之統計，但可得而推測之有如下：(1)外國投資各種借於政府或私人之款項，與夫各種工商之經營，佔最要地位，自不待言。(2)華僑匯歸或攜歸之金額。在外之華僑，其確數不可得知，有謂三百萬，有謂在一千萬以上者。其每年所匯歸與攜歸之款，華格爾(S. R. Wagel)計算爲四千萬，摩斯(H. B. Morse)計算爲七千三百萬兩。雖每年之數，不能一定，其數之大，有必然者矣。其他爲(3)外國軍艦費用；(4)外國駐兵用費；(5)外國商船及修繕費用；(6)外國教會學校病院用費；(7)外國使領館費用；(8)外人在中國旅行費用；(9)俄國之宣傳費，聞亦不在二千萬元之下；但此不過爲最近二三年間事云。

四　棉製品之進口貨足以與入超數相抵銷

入超之原因甚大，而工業之不發達，實爲最大之原因。每年僅就輸入棉製品一項而論，其價額之大，足以抵銷入超之數而有餘。試以上表同年內輸入棉製品之價額與入超之數，兩相比較，即顯然矣（以關兩爲單位）。

年別	棉製品輸入額	入超額	差數
一八八〇	二三、三八二、九五七	一、四〇九、八六六	二一、九七三、〇九一
一八九〇	四五、〇二〇、三〇二	三九、九四九、〇〇一	五、〇七一、三〇一
一九〇〇	七五、六〇六、三六〇	五二、〇七三、六六九	二五、五三二、六九一
一九一〇	一三〇、六七九、二三五	八二、一三一、五六六	四八、五四七、六六九
一九二〇	二四六、八一三、〇〇〇	二二〇、六一八、九三〇	二六、一九四、〇七〇
一九二三	一七三、五二〇、〇〇〇	一七〇、四八五、四七一	三、〇三四、五二九

雖在以上所舉之期間，非無棉製品輸入之額，少於入超者；然幾皆多於入超，而所多之數又甚大。僅就進口貨之一種製造品而論，利源外溢，已如此之多；若舉進口貨之全部製造品而計算之，則利源外溢之多，殆不可設想。然苟中國能發達棉製業，卽可無入超之患；而棉製業爲吾人最關重要之工業，當竭力設法發達而後可。

五　銀之入超與金之出超

中國既爲入超之國，因作支付，宜乎有銀之輸出矣；而實際上反是。自一八七一年後，銀是流入中國之一般趨勢有如左表：

時期	銀之入超（以百萬關兩爲單位）
一八七一——一八八四	八〇
一八八五——一八九八	一〇〇
一八九九——一九一三	六一
一九一四——一九二一	一二〇

同時又有金之出超。自一八七一年至一八八四年，金之出超，其數不得而知。自一八八五年起，出超之情形如左：

時期	金之出超（以百萬關兩爲單位）
一八八五——一八九八	六七
一八九九——一九一三	一一
一九一四——一九二一	四

此種現象，有謂無從解釋者，以銀之入超爲尤甚。殊不知金銀之爲貨物，與他種之貨物相同。其進口出口之原因，亦由於需要與供給而起。中國爲銀本位國，西洋爲金本位國，故金銀出入之潮流，卽以匯兌價格之升降爲轉移。例如自一八九一年至一八九四年之時，金漲銀落，故中國金之出超，自四千四百萬美金，增加至九千八百萬美金；至一八九五年，一八九六年，銀漲金落，故金之出超，一八九四年爲九千八百萬美金；一八九五年，卽降而爲五千百三十萬美金矣。又如歐戰之時，銀漲金落，故一九一四年至一九一六年之時，銀爲出超；一九一六年一九一七年，金爲入超；至

一九一八年後金又漸漲，而銀又漸落，復呈恢復舊勢之現象矣。

第四節　最近之趨勢

不平等條約，其影響及於吾國之工商業自甚大；但我國之工商業，自當以吾國爲主。自西洋工商業之引進，我國人有視之羨慕而倣傚者，有起而反對設法抵制者，有力圖排斥而謀重造者，爲自然之趨勢。茲述最近之趨勢如左。

一　鐵路之建築

甲午以前，中國無永久鐵路之建築。中日戰爭（一八九四——一八九五年）後，世界列強，以爲瓜分之勢已成，互爭特種之權利與勢力範圍：比利時建築京漢鐵路，美國得粵漢鐵路之專造權，俄羅斯建築東清鐵路，德意志建築膠濟鐵路，法人在雲南建設鐵路，英國欲得揚子江流域鐵路之專造權。此諸鐵路之所有權與管理權，皆爲關係國外人所有。

但中國人以外人鐵路管理權之所及，卽爲彼勢力之所及；雖鐵路必不可少，然必須爲自己所管理。一九〇八年清廷批准津浦滬杭二線，以外資建築；但管理權全在政府之手。同時京漢鐵路，爲政府所贖回；京張鐵路爲中國人自己所建築，不藉外人財政上之扶助；至後膠濟鐵路，以魯案會議之結果而收回。由是中國幹線鐵路中，除滿州鐵路外，外人無多大之管理權。

據一九一九年之統計：國有鐵路已通行者六〇二七啓羅米突 (kilometre)；在建築中者三八三啓羅米突。私有及省有者，七七三啓羅米突。外國承辦之鐵路，三七八〇啓羅米突。(當時三九五·二〇啓羅米突之膠濟鐵路，尚未收回，亦包括在內) 共計一〇、九六三啓羅米突或六、八五二英里。其有助貨物之流通，資本之移轉，消息之傳播，諒非淺鮮。但以中國之大，僅此鐵路，自不敷用。商業如欲發達，必先當改良交通；改良交通，必先當多築鐵路；而尤以開闢西部與聯接西部，聯接粤漢之鐵路爲最不可緩。

但自一九一七年(民國六年)之後，內亂頻仍，鐵路不特不能發達，且不能維持現狀。其進欵爲督軍所截留者，至民國十三年止，爲一八〇、〇〇〇、〇〇〇元，合利當爲二五〇、〇〇〇、〇〇〇元；車輛等之損失，當爲一〇、〇〇〇、〇〇〇元。(見一九二六年 The China Year Book, p. 295)。故所負鐵路之債務，無從撥還。

二　郵電之設備

自外國在北京駐有使館之後，使館與沿海岸沿揚子江商埠間之書信，由中國驛站之人員代爲輸送，而由海關主持其事，是爲今日郵政之權輿。一八九六年（光緒二十二年）上諭設立全國郵政局，委總稅務司辦理。一九一一年（宣統三年）上諭郵政局自稅務處隸屬於郵傳部，由是郵政局完全爲中國政府之機關。

郵政自創設後，逐漸進步，而進步甚著。一八九八年，採用郵包制度；一八九九年，採用郵匯制度；一九〇二年，採用「快信」制度；一九一〇年，採用保險信制度；一九一九年，採用郵政儲蓄制度。各縣皆有郵政；卽較大之村鎭，亦有郵政之聯絡。一九二四年，大小郵局共計一一、七九〇。郵政局以考試用人，與政局無關。雖地方時有擾亂；而郵政則土匪與軍人，皆以爲與公益有關，仍能繼續行其職務。雖有外國郵政局之設立；然能與之競爭而佔優勝，爲外人所贊許。故一九一四年，得入萬國郵政同盟（Universal Postal Convention）。一九二二年，以華盛頓會議之結果，外國郵政局，除在南滿鐵路一帶外，皆撤消。一九二六年，交通部之進款幾皆斷絕，獨賴郵政之收入以發薪。

至於以電線爲交通之設備，現有陸路電線八萬英里；無線電台十三；電話公司二十八。然以中國版圖如此之大，宜再發展；除電話外，惜乎最近之發展甚少。

三　銀行之增加

一八九六年，始有純粹爲華人所設之銀行，曰中國通商銀行者成立，至今仍在。嗣後十年間，有戶部銀行，濬川源銀行（四川省銀行），交通銀行，直隸省銀行之起。一九一二年，民國開幕，大清銀行，改爲中國銀行。嗣後增加甚速。至一九二二年，雖仍繼續增加；而速度倒退。請將一八九六年後逐年華銀行成立之數，列表於左：

年別	銀行成立之數
一八九六	一
一九〇六	一
一九〇七	一

一九〇八	三
一九〇九	
一九一〇	二
一九一一	
一九一二	五
一九一三	三
一九一四	一
一九一五	三
一九一六	二
一九一七	五
一九一八	一〇
一九一九	一一

一九二〇	一三
一九二一	二三
一九二二	一八
一九二三	一五
一九二四	八
一九二五（至六月三十日止）	五
不知者	一一
共計	一四一

華銀行與中外合辦銀行外國銀行勢力之比較有如左：

	行數	已付資本數
華銀行	一四一	一五八、一六〇、四七一元
中外合辦銀行	二〇	一二、〇四五、二三〇元

四、五〇〇、〇〇〇銀兩
一〇、〇〇〇、〇〇〇佛郎
五五、〇〇〇、〇〇〇盧布
二八、三五九、〇〇〇日元
二〇、〇〇〇、〇〇〇元

外國銀行　四三

六、六四四、一六〇金鎊
八、〇〇〇、〇〇〇美金
七、五〇〇、〇〇〇銀兩
一五〇、四〇〇、〇〇〇佛郎
一三五、〇〇〇、〇〇〇奇爾賓
四一一、三七〇、九〇〇日元

註　奇爾賓(Guilder)荷蘭銀幣，每單位約合銀八角。

上二表見北京經濟討論處月報(The Chinese Economic Monthly)一九二六年一月號。其時道勝銀行，尚未停業。

雖華銀行之勢力，卽以資本一項而論，尙不及外國銀行者甚多；但以民國來最短之時間，而有如此之發達，實爲一種之好現象。其有助國內貿易之發達，當非淺鮮。在華銀行尚未發達之前，華商欲借大欵，或欲經營外國貿易，不能不有求於外國銀行；而欲有求於外國銀行，不得不賴買辦(Comprador)以爲之擔保。今則可向華銀行借欵，或藉華銀行之信用，以付款於銀行，自較便利；而買辦制度與外國銀行，大受打擊。且自德華銀行、中法實業銀行、道勝銀行相繼停業之後，而外國銀行之信用，爲之減色；而同時華銀行之信用，爲之增進。近年來自銀行團斷絕借欵之後，政府往往發行內國公債以資維持；而內國公債，皆由華銀行承銷。自關稅會議後，華銀行當保管關鹽欵之輿論亦盛。

但卽在今日，外國銀行仍佔優勢。華銀行最近倒閉甚多，卽不倒閉者，亦多難維持。其故以營業常帶有投機之性質：或買賣外國貨幣，或買賣公債，或濫發鈔票，或借欵於政府，以圖意外之利。一九二一年，華銀行開設者至二十三處之多，聞皆因欲借短期欵項於政府，以得厚利之故；迨政府無法償還，以九六公債搪塞，乃不能立足。然最近內訌迭起，工商業停頓，即穩健之銀行，亦苦無正當投資之機會。

四　營業組織之改良

中國舊時之營業組織，在閉關時代，所達之程度，不可謂不高；然自海通後，不適於用，不得不謀改良。改良之方向，可得而述者有如左：

一　公司之發達　西洋人以中國人不善於經營公司之事業。雖中國人於營業素以誠實著；但其成功之營業，常爲一家族之人所組織，而鮮出此範圍之外。且此類營業，以引用私人，遲早間終歸於失敗。若斯之評論，似欠平允。西洋人在近世之初，亦多合夥營業，且往往限於同家族之人；此蓋爲公司營業以前時代所必經之階級，不獨中國然也。

但近年來不特所立之公司，日漸增加；且其營業之進步，即不受政府之保護，亦能與外人競爭。例如上海之先施公司，永安公司，較之西洋大百貨店，亦無愧色。價廉物美，不特華人與之交易，即西人亦與之交易而惠羅公司，福利公司，大受打擊。又如南洋烟草公司，亦能與英美烟草公司，並駕齊驅。又如北京之眞光電影劇場，其營業勝於平安。他如商務印書館，中華書局，浙江興業銀行，上海商業銀行，老介福綢緞莊，杭州緯成公司等，皆成績卓著。又如我國之進出口貨，向由外人經營；近年來外洋留學生，多有歸而組織進出口貨貿易公司。直接之貿易，費用較省，而商情較明；由是間接之貿易，多歸失敗。

然非無缺點者在：我國之公司條例不善，以致公司之經理，可吞沒股欵，而消遙法外；動用資本，而股東無從監督。是以公司事業，無從發達。觀最近漢冶萍公司之失敗，馮玉山公司之倒欵，招商局之困難，上海交易所之多停閉，以及紗廠有爲日人所幷吞之事，雖原因不一；而組織之不善，營業之不得法，無可諱言。

二　團體之合作　我國工商業，向有同行組織之「公所，」至今多有仍舊存立者。惟新式之工商業，則有公會之組織，如銀行公會，錢業公會，綢業公會，茶業公會等；是而最重要者，則爲銀行公會。上海、北京、漢口等處之銀行公會，則皆出有銀行雜誌。一銀行之鈔票擠兌時，銀行公會，設法救助，以防擠兌之傳染。中法實業銀行倒閉後，其停兌之鈔票，由銀行公會爲之代兌，其勢力之大，可想而知。

公會爲同業之團體組織而成，而各業之團體組織，則有商會。會員有紛爭，往往由商會出而調解，以免訟事之發生。工商界與政府有交涉，往往由商會爲之代表。地方之公益與秩序，商會認爲有維持之職。國家之大事，商會亦時發電報，以伸民意。要而言之，中國幾無表明輿論之正當機關；若有之，恐惟商會而已。

各縣皆有商會；縣商會組成省商會；省商會組成總商會。總商會開年會時，討論工商業之大問題，如改良幣制，編訂商法銀行法，實行關稅自主，國貨之陳列等是。

中國政府於工商業之利益，不甚注意。苟無商會銀行公會等謀同業之幸福，圖地方之安寧，則工商業之蹂躪，更不堪設想。

五　工業之勃興

歐戰以前，中國之工業甚有限，不足惹人之注意。海關報告所言之工業品，足與洋貨競爭者，惟麵粉、棉紗與自來火三物，並無機製物之出口。且一九一四年以前，在滿州、上海及他處之工廠，多在俄人日人或其他外國人之手。

至歐戰起而情形大變。製造品以簡單之機器，尋常之技藝所造成者，來源多絕斷。一九一九年之海關報告謂工業發達甚速；惟有時苦不得必須之機器，其限制僅此而已。國內所消費之機製物，即無外人之助，幾皆爲西式之華廠所能仿造：如琺瑯質器具(Enameled ware)，絲棉衣着品及絲棉裏衣(Silk and cotton underwear)，梳裝品(Toilet articles)，洋傘，絨線，蚌殼骨及角所造之鈕扣(Mother-of-pearl, bone and horn buttons)，化學品(Chemicals)，針(Needles)，電燈(Electric lamps)，電話用具(Telephone appliance)，石棉製品(Asbestos)，葡萄酒，皮酒，甜菜所製之糖(Beet sugar)，玻璃器具(Glass ware)，窗玻璃(Window glass)等是也。一九一九年之時，織廠麵粉廠異常活動。造船業現可爲中國工業已有基礎者之一，將來大可發達。一九一九年，自中國各造船所下水之船，共計一二、三〇七噸。最近上海建設一造船所。各處皆有開礦企業之發生。一九一九年海關之報告如此。

中國之工業，歐戰前後之比較，以無統計，似甚困難；然亦可得而推測之：(一)一九一五年在中國之紗廠三十一，有紡綞百萬支，織機四、五〇〇架；至一九二一年，紗廠約在六十與七十之間，紡綞數約二百萬支，織機約一萬四千架。其中之五十紗廠，爲中國人自己所有，自己管理。(二)一九一三年在中國之麵粉廠，約有四十；至一九二一年，至少當有一百二十五處。(三)一九一三年，用力動機以製造之工廠，約在四百與六百之間；至一九二一年，當在二千以上。

一九二一年，爲工業之中心者，有上海、大連、漢口、天津、廣州、香港；而青島、杭州、無錫，南通州工[illegible]之建設者，亦不少。

所最爲可喜者，一九二〇年機製品之出口，至四百萬關兩之多。其品目爲布疋、洋蠟、水泥(Cement)自來火，紙及胰皂等。

六　國家思想之發達

中國在國際上有特殊之點二：自拳匪敗後，國人深知兵力之薄弱，不足以禦外侮。二十年來，雖遇有辱國喪權之事，未嘗與外人戰爭，抑若失戰鬪力者。此特殊之點一。兵力不足，苟善於外交，未始不可爲挽救之資；而外交上往往以關稅爲抵抗之具，與外國有利害之衝突時，對於彼方之貨物，課以重稅，促其讓步。顧中國之關稅，值百抽五，不能變更，失外交抵抗之作用，此特殊之點二。

然則外人得以任意虐待爲所欲爲，而中國人終甘於屈服乎？昔外人之思想，以是殆爲必至之結果，故時有不平等條約之壓迫。但中國人自不以爲然，乃思出一計，必也其方法雖和平，其效力甚激辣，而後外人始就我範圍。是何也？曰經濟絕交，或曰抵制外國貨是已。

最近歐美之人，往往以國際間之仲訴出之以外交，則缺乏實力出之以戰爭，則傷財害民；惟經濟絕交，用力少而成功多，最爲文明。然慣用之者，首推我國。美國排斥華工，而我國有抵制美貨之舉。日本提出二十一條件之要求，而我國有抵制日貨之舉。巴黎和會，日本得承繼德人在山東之權利，而我國又有抵制日貨之舉。五卅慘案起，而我國有抵制英日貨之舉。每一次抵制，則國貨受一次之保護，國民多一次之合作，而愛國思想爲之增進。雖被抵制之國所受商業上之損失不可得知；然效力之大，實出吾人意料之外。

當滬案起，抵制英日貨之時，日之態度，較爲和緩。彼以受屢次抵制日貨之教訓，不敢再激動中國人之忿恨。英則態度強硬；然以廣東經濟絕交之結果，香港八十餘年苦心經營之商業，全被毀壞；而英之態度，近亦由強硬而漸趨和緩。廣州與漢口海關之加稅，似已爲英人所默認。香港之商業，以不平等條約而建設！亦以不平等條約而毀壞，其樞紐皆在廣州，是爲最饒興趣之事實。

最近抵制外國貨之外，又有廢止不平等條約之運動。巴黎和會，吾國代表，提出不平等條約之修正，列國置若罔聞。華盛頓會議，吾國又提出不平等條約之修正，於是有九國協約之通過。以對德奧宣戰之結果，一九一九年九月十日，與奧結約，所有以前之舊約，皆歸廢棄；一九二一年，與德結約，所有以前之舊約，亦歸廢棄。以承認蘇俄之結果，一九二四年五月三十一日，蘇俄宣言，所有以前不平等之條約，皆歸廢棄。一九二六年之冬，中政府宣告比約廢止，提議日約修改，預告西約滿期，是皆爲最近潮流所激成。但華會條約，除魯案之交涉，外國郵政局之撤廢，成效甚鮮；威海衛尚未交還；關稅會議開而無形停頓；法權會議開，而不達目的。然則不平等條約之廢止，非內部統一，恐不足以云解決。

敬啟

『專題史』叢書，乃民國時期出版的著名學者、專家在某一專題領域的學術成果。所收圖書絶大部分著作權已進入公有領域，但仍有極少圖書著作權還在保護期内，需按相關要求支付著作權人或繼承人報酬。因未能全部聯系到相關著作權人，請見到此説明者及時與河南人民出版社聯系。

聯系人　楊光
聯系電話　0371-65788063
2016年3月28日